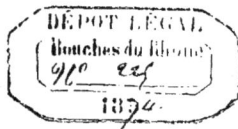

FERDINAND DE LESSEPS

ET

SON ŒUVRE

S. BERTEAUT

F^d DE LESSEPS

ET

SON ŒUVRE

MARSEILLE

TYPOGRAPHIE ET LITHOGRAPHIE CAYER ET Ce
Rue Saint-Ferréol, 57

—

MDCCCLXXIV

AVANT-PROPOS

ARMI *les nombreux voyageurs qui em-*
pruntent aujourd'hui la voie abrévia-
tive ouverte par M. Ferdinand de
LESSEPS, *il en est probablement plus*
d'un qui, en franchissant avec facilité
l'espace compris entre la Méditerranée
et la mer Rouge et qui, en voyant
cette nappe d'eau rectiligne et sans œuvre d'art

qu'on appelle le *Canal de Suez,* doit dire : « Ce n'est que cela? » Mais ceux qui ont assisté au laborieux enfantement de l'œuvre, heureusement venue, savent bien ce que c'est que cela. Nous qui avons vu l'Isthme avant, pendant et après son percement, qui avons, pour ainsi dire, suivi pas à pas la marche de cette entreprise réputée d'abord impossible et dont on serait tenté de faire bon marché aujourd'hui qu'elle est réalisée, nous avons à cœur d'apprendre à ceux qui l'ignorent et de rappeler à ceux qui pourraient l'oublier, quels efforts il a fallu pour surmonter des obstacles presque insurmontables. Il faut que le monde sache, pour la gloire de celui qui a tout organisé et tout aplani et pour celle de ses dignes collaborateurs, combien a coûté de peine ce travail, un des plus utiles et des plus importants, sans contredit, des temps modernes et qui doit immortaliser son auteur.

Nous raconterons avec tous les développements qu'elle comporte cette lutte de dix ans qu'un noble enfant de la France a soutenue avec une énergie chaque jour croissante et avec un triomphe final contre des puissances considérées comme invincibles.

Nous montrerons cet homme indépendant qui, en face des Pereire et des Rotschild, a osé dire à ces princes de la finance, rois de l'époque : « Je battrai monnaie sans vous avec l'appui des petits capitaux, » et qui, sous la simple garantie de sa parole et de son honorabilité, a obtenu un prêt de deux cents millions !

Nous présenterons cet athlète qui s'est mesuré avec l'homme le plus fort de l'Angleterre et qui a fini par avoir raison de lord Palmerston, un ennemi déclaré de son œuvre.

Nous signalerons à l'admiration publique cette nature vaillante que les calomnies n'ont pu atteindre, que les menaces n'ont point intimidée et qui, malgré certaines prédictions sinistres, a su conduire à bonne fin une entreprise presque surhumaine.

Enlever 75 millions de mètres cubes de sable ou de vase n'eût été facile dans aucun pays, mais cette extraction gigantesque empruntait un surcroît de difficultés inouïes au milieu dans lequel elle était pratiquée. N'oublions pas, en effet, que le chantier c'était le désert où la nature marâtre ne produit rien; où l'homme, privé de toute ressource, n'a pas même d'eau pour boire. Dans ces solitudes effrayantes qui, avant les bienfaits du canal, ont coûté la vie à tant de monde, qui n'inspiraient que la nostalgie et le découragement, M. de LESSEPS, *depuis la première jusqu'à la dernière heure, a su introduire l'activité et l'abondance. Ame de l'entreprise, il a communiqué la vie aux bras, et nous démontrerons que c'était l'homme prédestiné et en quelque sorte providentiel pour l'œuvre qu'il a exécutée.*

Le canal maritime, entrevu par l'ingénieur Lepère, préconisé par les Saint-Simoniens et enfin exécuté par M. de LESSEPS, *est une conception éminemment française ; à ce titre seul il méritait déjà toute notre sympathie ; mais son caractère d'intérêt général en rehausse encore le prix à nos yeux : il représente bien le génie de ce généreux pays qui, malgré certaines intermittences de vandalisme et de barbarie, marche toujours à la tête de la civilisation, qui, par ses missionnaires, ses ouvriers et ses soldats, a constamment travaillé pour l'humanité et a, pour ainsi dire, rempli l'apostolat du progrès et du dévouement.*

M. de LESSEPS, *par l'universalité de son œuvre,*

a droit de cité partout, mais à Marseille plus qu'ailleurs, car aucune métropole commerciale n'est mieux
placée qu'elle pour mettre à profit ce raccourci de trois
mille lieues.

Tels sont les titres de M. de LESSEPS à notre
reconnaissance, et les motifs qui nous ont engagé à
écrire sa biographie.

Dans le récit que nous allons faire, nous comptons
sur l'intérêt du sujet pour suppléer à l'insuffisance du
narrateur.

M. FERDINAND DE LESSEPS

LES ANCÊTRES.

ERDINAND de LESSEPS descend d'une famille originaire des Pyrénées, qui habitait Bayonne depuis 1450, époque de la capitulation de cette ville et de sa restitution à la France par le roi d'Angleterre.

L'arbre généalogique de cette maison ne remonte pas au-delà du règne de Charles IX.

Nous y voyons figurer en tête, sans la noble parti-
cule, un nommé Bertrand Lesseps qui, en 1572,
était capitaine du guet.

Racontons ici une anecdote curieuse et inédite.

Le prince de Béarn, qui devint plus tard Henri IV,
n'échappa, comme on le sait, à la Saint-Barthélemy,
qu'en se faisant catholique. Gendre de la reine-mère
et beau-frère du roi régnant, il fut peu protégé par
cette puissante parenté et, malgré son abjuration,
resté suspect, il était gardé à vue. Ennuyé de cet
espionnage, qui le gênait dans ses intrigues amou-
reuses, le Vert Galant décampe un jour sans tambour
ni trompette. Grand émoi au Louvre, d'où partit
immédiatement l'ordre d'arrêter le prince en rupture
de ban conjugal. Le capitaine Bertrand fut chargé de
cette pénible mission ; mais, pour s'en épargner le
crève-cœur, il éventa la mèche. Il fit prévenir sous
main le prince fugitif, qui se tint pour averti et se
hâta de rentrer en Navarre.

Sans ce dévouement d'un Lesseps, que fût-il ad-
venu ? Qui le sait ?

Les temps n'étaient pas tendres pour les huguenots
et pouvaient autoriser les plus sinistres conjectures.
Le prosélytisme calviniste du Béarnais portait om-

brage à la cour de France et, malgré le sang royal
qui coulait dans ses veines, Henri de Navarre pouvait
fort bien être jeté dans une de ces prisons d'État
d'où l'on ne sortait plus. Ce n'est certes pas Margue-
rite de Valois qui serait intervenue pour demander la
liberté d'un époux qu'elle n'aimait pas et qui le lui
rendait bien.

Voilà pourtant à quel fil léger tiennent les plus
hautes destinées !

L'arrestation du Béarnais pouvait changer le cours
des événements. L'histoire n'enregistrait plus les glorieux bulletins d'Arques et d'Ivry. La Ligue et les
Guise triomphaient ; la maison de Lorraine, qui trône
aujourd'hui en Autriche, aurait vraisemblablement
fait souche royale en France. C'en était fait d'une
dynastie séculaire qui a de belles pages dans l'histoire
et qui n'a peut-être pas dit son dernier mot.

Le souvenir de ce service ne fut probablement pas
étranger à la fortune des Lesseps. Leur maison ne
tarda pas à devenir comme une pépinière de consuls,
de secrétaires d'ambassade, de chargés d'affaires, de
ministres plénipotentiaires. Dès le XVIIe siècle avait
déjà commencé cette dynastie diplomatique des,
Lesseps, dont un descendant était hier encore

directeur général des relations étrangères, et qui a si longtemps siégé dans les échelles du Levant.

Un Lesseps, investi d'une haute confiance, tenait la plume, plutôt comme arbitre que comme secrétaire, dans les conférences auxquelles donna lieu, en 1733, la délimitation des frontières françaises et espagnoles.

Un autre Lesseps, conseil et trésorier de la ville de Bayonne, cumulait ces honorables fonctions avec celles de secrétaire des commandements de la reine d'Espagne, Marie-Anne de Neubourg, qui s'était retirée dans cette ville. — « Il n'existe pas, écrivait- « elle, un homme plus honnête et plus capable en « deçà et au delà des Pyrénées. » — C'est lui qui présida, dit-on, à l'établissement de la première Chambre de commerce à Bayonne (1).

---

(1) Rappelons, à ce propos, que Marseille, à cette époque, possédait déjà une Chambre de commerce depuis longues années. Cette antique fille de Phocée qui, avant l'ère chrétienne, enseignait les belles-lettres grecques et latines et avait des écoles célèbres, n'a pas seulement l'honneur de compter parmi ses colonies Aix, Arles, Orange, Fréjus, Cannes, Antibes, Nice, etc. Après avoir donné naissance à des cités qui ont traversé les siècles, elle a fondé des institutions qui ont fait le tour du monde. Ainsi, elle a établi la première Chambre de commerce et les premiers consulats, deux créations fécondes qui sont devenues universelles.

Peu de villes ont de pareils antécédents. Pourquoi cette noble cité a-t-elle ajouté plus tard des pages néfastes à sa glorieuse histoire ?

Malgré les honorables fonctions qu'avaient remplies plusieurs Lesseps, leur famille n'avait pas
franchi le cercle de la bourgeoisie : c'est à partir du
règne de Louis XV seulement qu'elle obtint des
titres nobiliaires bien dus à ses bons et loyaux
services.

Ces lettres-patentes, si flatteuses pour celui qui en
était l'objet, et dont l'honneur rejaillissait sur toute
la famille, ont été enregistrées au Parlement de Tou-
louse et de Pau et à la Cour des aides de Montauban.
Elles conféraient droit héréditaire d'écuyer pour
Dominique de Lesseps et sa postérité mâle (1).

Le roi Louis XV octroya, en 1771, à Dominique
Lesseps, un des premiers fonctionnaires de son
ministère, des lettres de noblesse acquises, disait le
texte officiel, *à titre de justice plutôt qu'à titre de
grâce.*

Dans ce coup d'œil rétrospectif, mentionnons
Jean-Baptiste-Barthélemy de Lesseps, successive-

---

(1) Voici le blason : un écu d'argent à un cep de vigne de sinople,
planté sur une terrasse de même, mouvante de la pointe de l'écu,
tigré aussi de sinople, fruité dans le milieu de deux grappes de raisin
de sable et surmonté d'une étoile d'azur.

Armoirie parlante (les ceps).

ment consul général en Russie, gouverneur civil de
Moscou en 1812, et en dernier lieu chargé d'affaires
en Portugal. Ce diplomate de la vieille roche avait
commencé par être officier de marine et avait fait
partie de l'expédition de Lapeyrouse en qualité d'his-
toriographe. Chargé de porter au roi Louis XVI les
premières relations du voyage, il fut débarqué au
Kamtschatka.

Traîné par des chiens, la poste de ces pays, il
traversa sur ce singulier attelage une partie de la
Sibérie et de la Russie asiatique et arriva à Versailles
couvert de peaux de renard rouge et de mouflon.
Il fit sensation par l'étrangeté de son costume non
moins que par l'attrait de ses récits. Sa relation de
voyage intéressa vivement Louis XVI. Ce Lesseps
ne dut la vie qu'à son débarquement : c'est le seul
homme qui revint de l'expédition de Lapeyrouse,
heureuse à ses débuts, mais dont le dénouement
devait être fatal.

Peu d'années après, la Révolution éclata, et ce
brillant officier de marine fut obligé de s'expatrier
pour sauver sa tête. Échappé par un second miracle
à la fusillade de Toulon, il se réfugia à Constantinople, où le grand-visir, favorable aux émigrés

français, lui confia le commandement d'une frégate. C'est lui qui fut chargé d'amener le premier ambassadeur ottoman accrédité auprès de la République Française.

A la rentrée des émigrés, Barthélemy de Lesseps retourna en France. Renonçant au métier de la mer, il accepta des fonctions consulaires qu'il exerça dans plusieurs résidences : on le trouve en dernier lieu chargé d'affaires à Lisbonne ; c'est là qu'en 1832 il a terminé sa romanesque existence.

Signalons, enfin, Mathieu de Lesseps, frère du précédent, qui fut commissaire général à Cadix, en Égypte, en Toscane, président du sénat ionien, préfet et comte de l'Empire, consul général aux États-Unis, chargé d'affaires à Tunis, où il est mort en 1832, entouré de la vénération publique. Il avait épousé, à Malaga, Mlle Catherine de Grivegnée de la Housse, sœur de Mme de Kirkpatrick, qui était mère de la comtesse de Montijo et grand'mère de l'impératrice Eugénie.

Ce Mathieu, on l'a déjà compris, est le père de M. Ferdinand de Lesseps qui, comme on le voit, n'est pas seulement le fils de ses œuvres.

Après la paix d'Amiens, trève de trop courte durée,

dont la rupture devait remettre l'Europe à feu et à sang, le père de M. Ferdinand de Lesseps fut envoyé avec le titre de commissaire général en Égypte. Il représentait noblement la France sur une terre, berceau du monde, où nos armes ont laissé de si glorieux souvenirs.

Bonaparte, qui rêvait les conquêtes d'Alexandre, ne perdait pas de vue l'utile parti que la France pouvait tirer d'un pays, point d'appui naturellement indiqué pour attaquer les Anglais dans l'Inde. Considérant la puissance des mamelucks comme un obstacle à des projets futurs, le premier Consul avait donné pour instruction à son agent de chercher parmi les milices turques un homme hardi et intelligent qui pût mettre à la raison cette soldatesque hostile à la politique française.

M. Mathieu de Lesseps jeta les yeux sur un jeune batchi-bozou, tout nouvellement arrivé de la Macédoine avec un contingent de mille hommes, et qui, bien que ne sachant ni lire ni écrire, lui paraissait le Turc le plus capable de remplir cette difficile mission. Cet homme n'était autre que Méhémet-Ali, alors simple Aga. Décidément M. de Lesseps avait fait preuve de perspicacité. On conserve encore dans les archives du département des relations extérieures, la lettre de M. de Lesseps qui énumère les qualités et les aptitudes de Méhémet-Ali, depuis lors sanctionnées par l'expérience et acquises à l'histoire.

C'est le moment de relater une affaire fâcheuse, qui, grâce à M. de Lesseps, fut complètement étouffée.

Le représentant de la France avait invité à dîner les premiers personnages du Caire. A la fin du repas, on s'aperçut qu'il manquait un couvert d'argent. Tous les convives se connaissaient et pouvaient répondre réciproquement de leur honnêteté ; un seul était à peu près inconnu : Méhémet-Ali-Aga. Les soupçons tombèrent naturellement sur lui ; mais L'amphitryon se porta garant de l'honneur du jeune batchi-bozou, et l'incident n'eut pas de suite.

Méhémet-Ali n'oublia jamais ce service et, par reconnaissance, reporta sur le fils l'intérêt que lui avait témoigné le père.

Quarante ans après, le corps consulaire venait complimenter le Vice-Roi d'Égypte sur le succès de ses armes. Méhémet-Ali, se tournant vers M. de Lesseps, alors consul à Alexandrie et présent à cette solennelle réception : « Vous voyez bien ce jeune homme, dit-il à l'assistance, c'est le fils d'un homme qui était bien grand quand j'étais encore bien petit. » Et il raconta lui-même l'aventure, avec une modestie qui lui fait honneur.

———

E promoteur du percement de l'Isthme de Suez est né à Versailles, le 10 novembre 1805. Datant des premières années de l'Empire, alors que Napoléon ne personnifiait encore que la défense nationale et la réorganisation de la société française, M. Ferdinand de Lesseps appartient à cette génération qui avait, pour ainsi dire, sucé la gloire avec le lait et qu'avaient mûrie

3

de bonne heure les enseignements de la Révolution. Issu d'une origine basque, mi-français, mi-espagnol, il représente à un haut degré la richesse de ce double sang.

Ses débuts n'offrent pas de particularité saillante, que nous sachions. C'était un enfant gracieux et charmant, dont la vivacité et l'espièglerie formaient le fond principal. Un œil observateur aurait bien pu, à quelques actes de fermeté précoce, deviner la trempe du caractère qu'il montra plus tard ; mais on n'était frappé que par les côtés aimables.

Il entra fort jeune au collége Henri IV, qui a produit de si remarquables sujets. Brillant lauréat de l'Université, M. de Lesseps a plus d'une fois disputé la palme aux Wailly, aux Montalivet, aux Forcade-la-Roquette, etc., qui lui conservèrent un inaltérable attachement. Les enfants sont de bons juges et généralement n'accordent pas leurs sentiments à la légère. Les amitiés du premier âge, qui restent profondes et vivaces, déposent en faveur de ceux qui les inspirent.

Au sortir du collége, M. de Lesseps entra dans l'honorable carrière de ses aïeux. Il débuta, en 1825, comme attaché au consulat de Lisbonne. Rap-

pelé bientôt à Paris, il fut employé en 1827 dans
les bureaux de la direction commerciale, au ministère des affaires extérieures, et fit son apprentissage
à bonne école.

C'était le temps où les noms les mieux sonnants
de la monarchie représentaient la France à l'étranger
et où M. de Lamartine, déjà grand poète, s'hono-
rait du titre de secrétaire d'ambassade. Les Richelieu,
les La Ferronays, les Montmorency, les Château-
briand, etc., entourés de la double auréole de la
noblesse et du talent, ne pouvaient inspirer que de
la considération et du respect. Quel prestige rayon-
nait alors autour de ces éminentes fonctions d'ambassadeur !

En 1828, M. de Lesseps fut nommé élève consul,
puis attaché au consulat général de Tunis.

Après la conquête d'Alger, le jeune diplomate
remplit auprès du maréchal Clausel une mission de
confiance, et, l'année suivante, il passa en Égypte
pour y exercer les fonctions de vice-consul à
Alexandrie.

C'est à cette époque, déjà bien reculée, que remonte, pour M. de Lesseps, sa première idée du
Canal de Suez.

En ce temps, les ports européens mettaient les provenances du Levant en quarantaine presque permanente, et l'Égypte, jouant à l'intendance sanitaire par représaille, interdisait sous le moindre prétexte la libre entrée à nos navires. Le jet à la mer d'un passager mort d'indigestion pendant la traversée, avait suffi pour faire assujétir à la captivité des quarante jours le brick qui avait transporté M. de Lesseps. La lecture était l'unique moyen d'abréger les longues heures de cette prison préventive, et M. Mimaut, alors consul général de France à Alexandrie, envoya à son jeune collaborateur une provision de livres. Dans le nombre se trouvait le mémoire de M. Lepère sur la jonction des deux mers. Ce travail, un des plus féconds résultats de l'expédition d'Égypte, frappa vivement la jeune imagination de M. de Lesseps.

Tel fut le germe de cette grande pensée, qui mûrit plus tard dans son cerveau et dont le monde recueille à cette heure les fruits.

La ville d'Alexandrie, aujourd'hui toute européenne, conservait alors son cachet oriental. L'égoïsme mercantile n'y régnait pas encore sans partage. Il y existait un véritable esprit de sociabilité.

La colonie française se faisait particulièrement re-
marquer par son union et ne formait qu'une seule
famille.

On avait son couvert mis à la table hospitalière
des frères Pastré ; on prenait le café, parfois même
le haschich, chez les amis Rouffio et Rolland ; on
fumait la pipe ou le narguillé à l'hôtel du docteur
Clot-Bey ; on allait parler de la patrie absente à
bord des navires en station ; on venait voir danser
les almées et tourner les derviches au divan du
colonel Sèves, devenu Soliman-Pacha ; on faisait
de la musique et on dansait dans les salons de
MM. Mimaut et de Cérisy. Les brillants cavaliers ne
manquaient pas : ils étaient recrutés dans la jeunesse
des comptoirs, dans le personnel du consulat, dans
les états-majors de l'escadre et parmi les nombreux
officiers et fonctionnaires que Méhémet-Ali, un
amoureux de la France, faisait venir sans cesse
de ce cher pays et payait généreusement pour
commander et instruire son armée, pour construire
ses frégates, diriger ses haras, fonder ses écoles,
en un mot, pour régénérer l'Égypte.

Menant de front l'étude et les plaisirs, M. de
Lesseps était l'âme de toutes les réunions. Aimable

convive, causeur spirituel, infatigable danseur, élégant cavalier et notamment bon ami, il était recherché et choyé partout.

Il n'était question que de ses succès dans les salons, de ses exploits à la chasse et de ses prouesses à cheval ; il montait avec une intrépidité sans pareille les étalons réputés les plus indomptables. Sa science hippique l'avait rendu de bonne heure populaire chez les Arabes, qui excellent eux-mêmes dans cet art et professent une haute estime pour les habiles manieurs de chevaux.

M. de Lesseps a occupé par la suite des emplois plus élevés ; mais nous doutons fort qu'il en ait eu de plus agréables et qui lui aient laissé de meilleurs souvenirs. C'est à Alexandrie, en effet, que, dans toute la fleur de l'âge, il a contracté ces vives et solides amitiés de jeunesse qu'on ne forme qu'une fois dans la vie, que la mort, hélas ! peut briser, mais que le temps n'efface point.

Promu, en 1832, au grade de consul de deuxième classe au Caire, il se trouva à diverses reprises chargé de la gestion intérimaire du consulat général d'Alexandrie, notamment dans la grande peste de 1834-1835 qui enleva le tiers des habitants.

En vain le docteur Clot-Bey, préludant à sa croisade anti-contagioniste, allait-il répétant partout que la peste n'est pas communicative, les hécatombes humaines qu'elle faisait parlaient plus haut que ses théories : il prêchait dans le désert. La population ne consultant que la peur, une mauvaise conseillère, se renfermait dans l'égoïsme qui paralyse tous les actes de dévouement.

La fermeté de M. de Lesseps contrasta avec ces regrettables défaillances. Sa maison, ouverte le jour et la nuit, devint le centre des secours prodigués aux personnes atteintes du fléau. Le consul de France s'imposa plus d'une fois la rude tâche d'infirmier dans sa chancellerie que sa philanthropie avait transformée en hôpital.

Cette conduite valut à M. de Lesseps la croix de la Légion-d'Honneur, cette fois bien méritée.

M. Thiers, alors ministre, lui écrivit : « J'ai « rendu compte au roi du dévouement dont vous « avez fait preuve dans les circonstances où vous « vous êtes trouvé, lorsque la peste ravageait « Alexandrie, aussi bien que du zèle habituel que « vous apportez dans l'exercice de vos fonctions, « et je m'empresse de vous annoncer que Sa Ma-

« jesté, voulant vous témoigner sa satisfaction de
« votre conduite honorable, vous a nommé che-
« valier de la Légion d'Honneur. »

Appelé, la même année, à une nouvelle gestion
de l'agence diplomatique en Égypte, il exerça pendant dix-huit mois ces honorables et laborieuses
fonctions dont la gravité des circonstances politiques
augmentait l'importance.

L'occupation de la Syrie par Ibrahim-Pacha,
avec qui il était dans les meilleurs termes, lui
fournit l'occasion de rendre de grands services à
nos coreligionnaires, dont il devint le protecteur.
Son esprit conciliant et son influence personnelle
contribuèrent, d'autre part, au rétablissement des
bons rapports de Méhémet-Ali avec le Sultan.

Après un séjour de sept années en Égypte,
pendant lesquelles il eut le temps de s'initier aux
mœurs des indigènes et à la langue du pays,
M. de Lesseps reçut une autre destination.

C'est à cette époque à peu près que remonte son
mariage. Le vide que font dans les âmes bien nées
la patrie et la famille absentes ne peut mieux être
comblé que par le choix d'une femme. Pendant un
de ces congés où M. de Lesseps venait respirer l'air

natal, presque nécessaire à la vie, il fit la rencontre de Mlle Delamalle, une charmante et belle personne, dont il devint éperdument amoureux et qui, par ses qualités physiques et morales, justifiait pleinement la passion qu'elle avait inspirée.

Ce mariage, de tout point assorti, ne fit pas seulement le bonheur des jeunes gens qui le contractaient ; il contribua encore à celui des deux honorables familles dont il cimentait l'alliance. M. de Lesseps conduisit sa jeune épouse dans sa nouvelle résidence de Malaga. C'est donc sous le beau ciel de l'Espagne, dont il était à moitié l'enfant, qu'il commença cette lune de miel qui devait durer près de vingt ans et ne finir qu'à la mort de sa digne compagne.

Par cette union, disons-le en passant, M. de Lesseps est devenu le proche allié de M. d'Aurelles de Paladine, ce brave général, qui, proclamons-le à sa gloire, sut le mieux maintenir la discipline dans son corps d'armée et qui, dans une désastreuse campagne, a pu un instant tenir en échec les forces ennemies. La Prusse elle-même rendit hommage à ce noble caractère que n'ont pu ternir les calomnies démagogiques et les insultes d'un ministre de la guerre, suffisant et insuffisant, prétendu sauveur de la France, qui ne sut, hélas! organiser que la défaite.

En 1842, nommé consul général à Barcelonne, M. de Lesseps se trouvait à son poste, lorsque Espartero, devenu régent, bombarda cette ville, qui s'était insurgée contre sa dictature militaire. Le représentant de la France déclara publiquement que le consulat était un asile, et il mit à la disposition de tous, sans distinction de nationalité ni de parti, les navires français en rade. Par la généreuse initiative d'un de ses enfants, la France couvrait ainsi de son drapeau les têtes que menaçaient les vengeances du duc de la Victoire et de son terrible lieutenant Zurbano.

L'attitude énergique du consul français excita une reconnaissance universelle et lui valut, d'un seul coup, presque toutes les décorations européennes que rehaussa encore la croix d'officier de la Légion d'Honneur.

Les résidents français à Barcelonne acquittèrent aussi leur dette : ils firent frapper en l'honneur de M. de Lesseps une médaille commémorative, pendant que les négociants espagnols commandaient son buste en marbre et le plaçaient dans la grande salle de l'Hôtel-de-Ville.

Dans ce tribut d'hommages mérités, n'oublions pas l'adresse que rédigea la Chambre de commerce de Marseille, dont nous avions l'honneur d'être secrétaire. Nous la reproduisons textuellement pour témoigner que les généreux sentiments trouvent de l'écho dans notre chère cité.

« La Chambre de commerce de Marseille, écri-
« vions-nous, a appris avec un juste sentiment de
« fierté nationale votre noble et courageuse conduite,
« dans les derniers événements de Barcelonne. En ces
« graves circonstances, comme toujours, vous avez
« dignement représenté la France. Vous seul, par
« vos énergiques protestations, avez tenu tête aux
« actes de violence. Au péril de votre propre vie,
« vous n'avez cessé de veiller à celle de vos natio-
« naux ; vous avez fait plus : votre sollicitude s'est
« étendue sur tous ceux qui, au nom du malheur,
« ont imploré votre appui. Pour vous, il n'y a pas
« eu d'étranger.

« C'est bien là une attitude digne du représentant
« d'un pays qui est à la tête de la civilisation.

« Le gouvernement vous a hautement témoigné

« sa satisfaction. Le commerce de Marseille s'em-
« presse de joindre ses félicitations aux témoignages
« flatteurs que vous recevez de toute part. » (23 dé-
cembre 1842.)

Ce glorieux épisode de Barcelonne est sans contredit une des plus belles pages de l'histoire de M. de
Lesseps : il restera comme l'honneur de sa carrière
consulaire.

L'intervalle qui sépare 1842 de 1848 n'offre pas
de fait important : il est rempli par les devoirs
quotidiens du consulat ; mais un esprit aussi actif
que celui de M. de Lesseps ne pouvait être
absorbé par des occupations paperassières et des
détails administratifs. Déjà, dans les loisirs que lui
laissait sa facilité de travail, il ruminait de grandioses
projets et songeait sérieusement au percement de
l'Isthme de Suez. Il faisait de cette question capitale son étude favorite et amassait des matériaux
précieux qu'il a utilisés plus tard.

La révolution de 1848, qui sema de si grandes
épouvantes, trouva M. de Lesseps plein de confiance
dans l'avenir. A cette époque troublée, où presque
toutes les positions officielles étaient compromises,
il conserva la sienne. Protégé par sa renommée et
sa popularité, il obtint même de l'avancement.

Rappelé à Paris par le télégraphe, il en repartit bientôt pour Madrid, en qualité de ministre de France. Il y réussit, malgré l'opposition d'une ligue puissante, à faire remettre sous une administration française l'église et l'hospice Saint-Louis et les biens qui en dépendaient, et négocia avec succès le traité postal qui consacrait une notable réduction de taxe.

Remplacé par un membre de la famille Bonaparte, le 10 février 1849, il ne quitta l'Espagne que par suite de cet acte de népotisme napoléonien ; mais, en récompense des services qu'il avait rendus, et comme témoignage des vifs regrets qu'il laissait dans le pays, il reçut avant de partir, et pour ainsi dire à titre d'adieu, les insignes de chevalier grand-croix d'Isabelle la Catholique.

La légation de Berne allait être donnée à M. de Lesseps, en compensation du poste qu'il avait perdu, lorsqu'éclatèrent de graves événements dans les États de l'Église.

Quand la France prise, a-t-on dit spirituellement, l'Europe éternue. Le contre-coup de la république française avait fait surgir à Rome un triumvirat démocratique, dont Mazzini était la tête. Les consciences catholiques s'alarmèrent avec raison de cette dictature révolutionnaire qui se substituait au pouvoir papal, et la France, craignant une occupation autrichienne, émue d'ailleurs des malheurs du souverain pontife et des périls du sacerdoce, décida d'intervenir.

Un corps expéditionnaire, commandé par le général Oudinot, débarquait, le 25 avril 1849, à Civita-Vecchia. Le jour même paraissait la proclamation suivante :

« Habitants des États romains, un corps d'armée française est débarqué sur votre territoire. « Son but n'est point d'y exercer une influence « oppressive, ni de vous imposer un gouvernement contraire à vos vœux.

« Les événements politiques de l'Europe rendaient « inévitable l'apparition d'un drapeau étranger dans « la capitale du monde chrétien. La République « Française, en y portant le sien, avant tout autre, « donne un éclatant témoignage de ses sympathies « envers la nation romaine.

« Accueillez-nous en frères, nous justifierons ce « titre *(sic)*. »

Ces assurances pacifiques n'ayant rencontré que des sentiments hostiles, le chef de l'expédition dé-

créa l'état de siége à Civita-Vecchia, et, dès le
30 avril, ordonna l'attaque de Rome. On connaît
les malheureux résultats de cette action prématurée
que, sur de faux renseignements, le général Oudinot
avait tentée avec des forces insuffisantes.

La France ne pouvait rester sous le coup de cet
échec ; elle envoya un agent extraordinaire pour
examiner de près la question. Il s'agissait de mettre
un frein aux idées anarchiques, sans comprimer
les aspirations libérales des populations romaines,
de ménager à la fois les droits de l'Église et les
intérêts de la politique, mission bien délicate et
bien difficile, qui fut confiée à M. de Lesseps. Son
zèle éprouvé, la fermeté et l'esprit de conciliation
dont il avait souvent fait preuve, le désignaient
particulièrement au choix du gouvernement dans
ces graves circonstances.

A peine arrivé, M. de Lesseps se rendit au
quartier général et exposa avec franchise le but
de sa mission, qui, dans sa pensée, devait avant
tout faire suspendre, de part et d'autre, les démonstrations hostiles et empêcher une collision sanglante.

Le lendemain, M. de Lesseps arborait le drapeau
parlementaire et entrait dans Rome, accompagné

du prince de La Tour d'Auvergne, alors secrétaire de légation. Un armistice était conclu et l'on entamait les pourparlers.

Le premier acte du négociateur français fut de signifier aux triumvirs qu'il ne pouvait traiter avec eux. Il ne voulait reconnaître que les citoyens appartenant aux États romains, et sans antécédents démagogiques. L'Assemblée nomma trois personnages qui présentaient des garanties d'ordre : c'étaient MM. Sturbinetti, Audinot de Bologne et Agostini, patriotes de bon aloi, qu'il ne fallait pas confondre avec ces condottieri de la Révolution et ces conspirateurs professionnels, qui avaient fait en trop grand nombre élection de domicile à Rome.

M. de Lesseps se serait facilement entendu avec eux, s'ils avaient été maîtres de leurs actes ; mais ils avaient un entourage qui paralysait leurs bonnes intentions. De son côté, le négociateur français n'avait pas la liberté de ses mouvements ; il était à chaque instant contrarié par les tendances belliqueuses du quartier général et la politique rétrograde de la cour de Gaëte.

M. de Lesseps était dans la position de ces locataires qui habitent les étages intermédiaires : il rece-

vait le tapage d'en haut et la fumée d'en bas. Il
ne trouvait grâce ni dans le parti autoritaire qui lui
reprochait ses opinions trop avancées, ni dans les
clubs des sociétés secrètes, qui ne lui pardonnaient
pas son esprit éclectique.

Un nommé Varassat, carbonaro rose-croix,
qui avait la haute main dans tous les complots,
mais qui, sauvé à Barcelonne par l'intervention de
M. de Lesseps, n'avait pas perdu la mémoire de
ce bienfait, révélait à son ancien bienfaiteur les
dangers qu'il courait. Un jour, il insista plus que
jamais pour que M. de Lesseps n'allât point à
Rome : il avait fait lui-même partie du tribunal
occulte qui venait de le condamner à mort. L'as-
sassin était désigné, et devait le frapper à la carotide
avec le poignard rouge encore du sang de Rossi.

Le ministre plénipotentiaire de France n'était
pas homme à se laisser intimider ; mais, devant
des détails aussi affirmatifs, il se tint pour averti
et prit ses précautions.

« -- Je vais à Rome pour une conférence indis-
« pensable, dit-il au milieu d'un cercle militaire ;
« je m'expose, je le sais, à être assassiné, mais le
« devoir avant tout. Qui veut m'accompagner ?

« — Moi, répondit sans hésiter un brillant officier
« d'état-major ; nous nous tiendrons sur nos gardes
« et personne, s'il plaît à Dieu, ne sera tué. » Cet
homme de dévouement était M. Espivent, qui
exerce aujourd'hui un des grands commandements
militaires de France et qui alors, simple chef d'es-
cadron, était aide-de-camp du général Oudinot.

MM. de Lesseps et Espivent montèrent en
calèche découverte, armés chacun d'une paire de
pistolets et prêts à faire feu. Ils entrèrent ainsi
dans Rome, et, devant une attitude aussi décidée,
aucun sicaire n'osa approcher.

Il nous a paru intéressant de donner un détail
qui met en relief le courage de M. de Lesseps en
même temps que le caractère chevaleresque d'un
homme qui a rendu et qui rend encore de si précieux services à Marseille, et que tous les honnêtes
gens entourent de vénération et de sympathie.

Dans sa laborieuse mission de Rome, M. de
Lesseps dépensa en pure perte beaucoup d'intelligence, d'activité et de force d'âme. Il travaillait
sur un terrain ingrat. Il allait continuellement de la
villa Santuchi au palais de la Consulta, et s'occupait
à aplanir des difficultés sans cesse renaissantes.

En vain envoyait-il dépêche sur dépêche, pour être fixé sur la marche qu'il devait suivre ; il ne recevait pas de réponse. Personne ne voulait engager sa responsabilité dans une affaire où tout le monde avait fait faute.

En dernier lieu, toutefois, la situation semblait s'être améliorée : il y avait eu entre l'armée française et le triumvirat romain un échange de bons procédés. En reconnaissance des soins prodigués par les dames romaines à nos blessés, M. de Lesseps avait donné en cadeau à la princesse Belgiojoso un caisson d'ambulance ; de son côté, Mazzini avait envoyé à nos soldats cinquante mille cigares et deux cents kilogrammes de tabac.

Le sectaire italien s'était humanisé. Ce caractère sombre et ombrageux avait subi à son insu l'influence d'une nature ouverte et généreuse. Il semblait enfin seconder de bonne foi les projets de conciliation. Il avait souscrit à une convention dressée par M. de Lesseps ; mais le général Oudinot, préoccupé sans cesse du souvenir du 30 avril, ne voulut point ratifier l'œuvre du diplomate, qui devait empêcher la revanche du militaire. Dans ce conflit, on multiplia plus que jamais les courriers et les dépêches ; mais le gouvernement continuait à garder le silence. A bon entendeur, demi-mot : M. de Lesseps comprit qu'il n'avait plus rien à faire et donna sa démission.

Son départ mit fin aux pourparlers. Peu de temps après, le canon seul faisait entendre sa voix. Alors commençait le second siége de Rome, une faute dont les conséquences ont été incalculables.

Avec un peu moins de précipitation, on évitait un mois de boucherie humaine, la Révolution déposait d'elle-même les armes et, moyennant quelques concessions, le Pape pouvait rentrer au Vatican, couvert de fleurs et sans éclaboussure de sang.

Telle est du moins l'espérance que caressait M. de Lesseps et le vrai mobile de sa conduite si mal interprétée.

Séduit par la phraséologie de celui qui avait pris pour devise *Dio e Popolo*, M. de Lesseps accorda à Mazzini plus de confiance qu'il n'en méritait ; peut-être fit-il une trop large part aux idées démocratiques ; mais, s'il est permis d'incriminer ses actes, on ne saurait méconnaître la droiture de ses intentions.

On a représenté M. de Lesseps comme un adversaire systématique du catholicisme ; rien de plus injuste.

En Espagne, n'a-t-il pas énergiquement soutenu les droits des églises et des couvents? En Orient, n'est-il pas intervenu en faveur des chrétiens persécutés? En Égypte, n'a-t-il pas fondé des sanctuaires, des chapelles, des écoles religieuses? n'a-t-il pas appelé les sœurs de Saint-Vincent-de-Paul? Mais, sans sortir de Rome, M. de Lesseps n'a-t-il pas mérité la reconnaissance du chapitre et du clergé de Saint-Jean-de-Latran, pour la protection qu'il avait accordée à cette archibasilique ? N'a-t-il pas reçu les remerciements du souverain Pontife, pour les objets précieux qu'il avait soustraits aux profanations de la démagogie romaine? N'a-t-il pas, en compromettant sa popularité et presque sa vie, empêché l'auto-da-fé des carrosses des cardinaux et des confessionnaux des églises, déjà portés sur la place publique, et auxquels il ne restait plus qu'à mettre le feu?

Ces faits, et bien d'autres que nous pourrions citer encore, démontrent les sentiments religieux de M. de Lesseps et sont la meilleure réponse à certaines accusations imméritées.

M. de Lesseps a donné, devant le Conseil d'État, l'explication de sa conduite. Dans un remarquable mémoire, qui a toute la valeur d'une pièce historique, il a établi qu'il avait agi dans la limite de ses instructions et dans le véritable intérêt de la France. Il a justifié ses actes au point de vue politique et religieux : il voulait éviter un schisme nouveau, un second protestantisme, qu'il voyait poindre à l'horizon. Il avait été dirigé, disait-il, par l'intérêt sincère qu'il portait au gouvernement pontifical et qui, dans sa pensée, devait faire certaines concessions à l'esprit du temps.

Le fait est que la politique contraire à la marche qu'il avait conseillée n'a été heureuse ni pour la France, ni pour la papauté. La fille aînée de l'Église, naguère victorieuse et puissante, aujourd'hui désarmée et baignée dans son sang, ne peut plus venir au secours de sa mère outragée! D'autre part, dépouillé de ses États, réduit au denier de Saint-Pierre et prisonnier du piémontarisme triomphant, Pie IX, le vicaire du Christ, boit journellement le calice d'amertume jusqu'à la lie!

Pouvait-il arriver rien de pire?

M. de Lesseps tomba sans récriminer contre les

événements et les personnes. C'était un blessé politique qui se retirait avec dignité d'un champ de
bataille où il n'avait pas été heureux. Il brisa lui-
même sa carrière et perdait en un seul jour le fruit
de vingt-cinq ans d'honorables services. Quelque
opinion qu'on professe, on est obligé de rendre
justice à cet acte de désintéressement. Peu d'hommes
sont capables d'un pareil sacrifice.

Au surplus, si M. de Lesseps, en agissant ainsi,
commit une faute, ce fut une faute heureuse, *felix
culpa*, car elle nous a valu le percement de l'Isthme
de Suez.

Dégoûté de la politique et surtout de la diplomatie, M. de Lesseps se tourna vers l'étude. Il ne
perdait pas au change. Quelle ambassade, disons
plus, quelle couronne eût attaché à son nom la
renommée que lui a méritée l'œuvre glorieuse et
bienfaisante dont il a doté le monde?

Le diplomate démissionnaire utilisa les loisirs que
venaient de lui faire les événements. Son esprit laborieux et chercheur, dégagé de toute autre préoccu-
pation, se concentra sur l'étude du canal maritime
qui devint pour ainsi dire son idée fixe.

De 1848 à 1850, M. de Lesseps, vivant loin

du monde, dans une ferme du Berri (1), pensait sans cesse aux moyens de faire passer dans le domaine des faits un projet qui n'existait encore que dans sa tête.

(1) Cette retraite volontaire, cette renonciation complète à la scène politique par un homme qui pouvait y jouer un des premiers rôles, font honneur au caractère de M. de Lesseps. Bien des gens à sa place auraient cherché dans les rangs de l'opposition à créer des embarras sérieux au gouvernement dont ils avaient à se plaindre ; ils auraient trouvé dans leur disgrâce un moyen de popularité et un piédestal pour leur ambition ; mais M. de Lesseps avait trop de noblesse dans le cœur pour exploiter des griefs personnels, et spéculer sur des agitations publiques.

HISTORIQUE DU CANAL.

ES récits d'Hérodote, de Strabon et de Plutarque avaient établi l'existence d'un canal à la fois navigable et irrigateur, attribué à Sésostris : ils donnaient lieu à penser qu'il n'y avait peut-être rien de mieux à faire qu'à chercher cette voie perdue et à déblayer l'ancien lit comblé par les califes, sauf à augmenter les proportions de la cuvette et les tirants d'eau que

les progrès de la navigation· avaient rendus nécessaires.

La différence supposée dans le niveau des deux
mers, croyance presque universelle, faisait paraître
comme une utopie plutôt que comme un projet exé-
cutable le canal à grande section de Suez à Peluse,
alimenté par les eaux de la mer Rouge.

M. Paulin Talabot, qui le premier proclama le
parallélisme des deux mers, vérifié par son ingénieur
Bourdaloue, n'était pas lui-même partisan d'un
canal direct et maritime ; son projet empruntait la
voie fluviale et admettait des circuits et des écluses.

M. de Lesseps posa carrément la question.

Dans son opinion arrêtée, la véritable solution du
problème ne pouvait être que l'exécution d'un canal
en ligne droite et d'un seul niveau de la Méditerranée
à la mer Rouge. Son instinct avait deviné ce que la
science des Mougel et des Linant-Bey, ingénieurs
français attachés au service du Pacha, constata plus
tard.

En 1848, Méhémet-Ali, acquittant une vieille
dette de reconnaissance, venait rendre visite à Louis-
Philippe, dont il était l'obligé et l'admirateur. Il
faisait voile pour la France, lorsqu'il apprit en mer

la Révolution qui avait renversé son ami. Il re-
broussa immédiatement chemin. A partir de ce
moment, le pacha d'Égypte donna des signes
d'aliénation mentale ; on fut obligé de lui enlever
son cimeterre, dont il essaya plusieurs fois de se
frapper. Arrivé à Alexandrie, il se croyait à Paris ;
il était devenu complètement fou. Blessé au cœur
et frappé à mort, il ne tardait pas à céder le trône
à son fils Ibrahim qui lui succédait, mais ne le rem-
plaçait point. Peu de temps après, la couronne
d'Égypte passait sur la tête d'Abbas et ne pouvait
tomber plus bas. Sous le règne de ce pacha ignorant,
avare et vicieux, M. de Lesseps comprit qu'il n'y
avait rien à faire. Il attendit patiemment des jours
meilleurs. Déplorant un pareil règne, il soupirait
après l'avénement d'un prince qui permettrait de
reprendre les traditions du grand pacha.

Mohamed-Saïd était cet homme : intelligent, ins-
truit et généreux, il avait toutes les qualités qui
manquaient au prince régnant. M. de Lesseps avait
des raisons particulières pour désirer qu'il montât
sur le trône. Il était son ami d'ancienne date, voici
comment :

Quand M. de Lesseps gérait le consulat d'Alexan-

drie, Mohamed-Saïd était encore enfant. Kœnig-
Bey, son précepteur, fournissait ; à la fin de chaque
mois, des notes détaillées sur les études de son élève.
Méhémet-Ali, connaissant mieux les chiffres que les
lettres, dit un jour à Kœnig-Bey : « Je te dispense
« de toutes ces écritures ; borne-toi à constater le
« poids de l'enfant. » Cet ordre fut ponctuellement
exécuté. Lorsque Mohamed-Saïd grossissait trop,
le père lui disait : « Tu engraisses, donc, tu ne tra-
« vailles pas, » et, sur cette simple induction, il lui
appliquait des corrections sévères.

C'était une situation intolérable pour un enfant
naturellement porté à l'obésité. Saïd se réfugiait au
consulat de France et M. de Lesseps était intervenu
plus d'une fois pour implorer la clémence paternelle,
mais le pacha était inflexible.

M. de Lesseps avait usé d'un autre moyen.
Chaque jour, il faisait monter Saïd à cheval et ils
allaient faire de longues courses au désert. Grâce à
cet exercice fatigant, Saïd contenait son embonpoint ;
il évita ainsi bien des coups.

Ce souvenir ne s'était pas éteint dans la mémoire du prince qui, à un moment donné, portant
ombrage à son neveu couronné, dut s'expatrier.

Mohamed-Saïd vint chercher en 1853, à Paris, une sécurité qu'il ne croyait plus pouvoir trouver en Égypte.

Sa première visite fut pour M. de Lesseps, dont il n'avait pas oublié le dévouement. Il entretint avec lui des rapports fréquents et presque fraternels. Dans leurs conversations intimes, il fut plus d'une fois question du percement de l'Isthme de Suez. M. de Lesseps développait avec sa verve communicative tous les avantages qu'un raccourci de trois mille lieues devait apporter aux relations internationales ; il énumérait tous les profits que devaient en retirer la civilisation et le commerce, mais il insistait particulièrement sur la gloire réservée au règne sous lequel s'accomplirait cette œuvre sans pareille. L'attention que le prince portait à cet inépuisable sujet d'entretien, indiquait le vif intérêt qu'il y prenait. Un projet qui découvrait de larges perspectives devait sourire à l'imagination d'un homme porté vers les grandes choses, et il était facile de comprendre que le jour où ce digne héritier de Méhémet-Ali monterait sur le trône d'Égypte, la cause du canal de Suez serait gagnée.

Après un assez long séjour dans la capitale de la

France, qu'il appelait sa seconde patrie et où il compléta son éducation à l'européenne, Mohamed-Saïd, croyant qu'il pouvait retourner en Égypte sans danger, quitta les bords de la Seine et alla s'installer sur ceux du Nil, dans sa belle résidence de Gabarri. C'est là qu'un matin il apprit la mort subite d'Abbas-Pacha, étranglé, dit-on, par ses propres serviteurs.

L'Égypte versa peu de larmes sur cette mort, et le successeur acclamé prit, trois jours après, possession du pouvoir au Caire.

A peine avait-il appris l'investiture de Mohamed-Saïd, M. de Lesseps s'embarquait pour l'Égypte. Il avait hâte d'aller complimenter le nouveau vice-roi. Cet ami de la veille reçut un cordial accueil de la part du prince qui ne voyait guère autour de lui que des courtisans du lendemain. Saïd offrit à son hôte un de ses palais pour résidence.

Peu de jours après, le vice-roi traversait le désert lybique avec une armée de 11,000 hommes, et installait son camp sur les ruines de Maréa, au-delà du lac Maréotis ; M. de Lesseps vint le rejoindre.

Ici, laissons la parole à M. de Lesseps lui-même.

« Je voulais, dit-il, avant de parler de mon projet, « mettre le prince au courant du système, nouveau

« pour lui, des associations financières anonymes,
« qui peuvent apporter dans un pays des capitaux,
« sans ôter au souverain son influence et en l'aidant,
« au contraire, à augmenter sa puissance par le dé-
« veloppement de la prospérité publique. Il fallait,
« en outre, me concilier la bienveillance de l'entou-
« rage intime du vice-roi, composé en grande partie
« des vieux conseillers de son père, plus habiles aux
« exercices du cheval qu'à ceux de l'esprit. Je faisais
« avec eux des courses au désert; mon talent
« d'équitation m'avait conquis leur estime. Lié
« avec l'ancien compagnon d'enfance de Saïd, son
« ministre, Zulfikar-Pacha, élevé à la française et
« capable de tout comprendre, je l'initiai à mon
« projet, et il fut convenu qu'il m'avertirait, le
« jour où il trouverait opportun que j'en parlasse à
« son maître.

« Deux semaines se passèrent et le jour indiqué
« (30 novembre 1854), je me présentai dans la tente
« du vice-roi placée sur une éminence, entourée
« d'une muraille en pierres sèches et formant une
« petite fortification, avec embrasure de canons.
« J'avais remarqué qu'il y avait un endroit où l'on
« pouvait sauter à cheval par dessus le parapet, en

« trouvant au-dehors un terre-plein où la monture
« avait chance de prendre pied.

« Le vice-roi accueillit mon projet, m'engagea à
« aller dans ma tente pour lui préparer un rapport,
« qu'il avait hâte de connaître. Ses conseillers et
« généraux étaient autour de lui. Je m'élançai sur
« mon cheval qui franchit le parapet, descendit la
« pente au galop et me ramena ensuite dans l'en-
« ceinte, lorsque j'eus pris le temps nécessaire pour
« rédiger le rapport qui était prêt depuis plusieurs
« années. Toute la question se trouvait résumée
« clairement dans une page et demie, et lorsque le
« prince en fit lui-même la lecture à son entourage,
« en l'accompagnant d'une traduction en turc, et
« qu'il demanda son avis, il lui fut unanimement
« répondu que la proposition de l'hôte, dont le
« dévouement à la famille de Méhémet-Ali était
« depuis longtemps connu, ne pouvait être que
« favorable et qu'il y avait lieu de l'accepter. »

La concession fut accordée, séance tenante, la
parole de Mohamed-Saïd valait un acte ; aussi le
concessionnaire ne tardait-il pas à se mettre en campagne.

Dès 1854, M. de Lesseps fit une première exploration de l'Isthme avec Mougel et Linant-Bey : on reconnut le parallélisme des deux mers, déjà démontré par l'ingénieur Bourdaloue, et la possibilité d'un canal de Peluse à Suez, sans recourir aux eaux du Nil. Un avant-projet, établi sur cette base, fut communiqué au Sultan, et M. de Lesseps se rendit à Constantinople pour fournir toutes les explications à l'appui.

La cause, plaidée par un pareil avocat, ne pouvait qu'être gagnée. M. de Lesseps, malgré l'opposition de lord Stratford de Redcliffe, l'ambassadeur d'Angleterre, fit la conviction complète de ses juges. La Porte Ottomane se montra favorable à l'entreprise projetée et donna une approbation vizirielle.

Le vice-roi fut très satisfait de ce premier succès ; toutefois, connaissant les mauvaises dispositions du Foreing-Office, il engagea M. de Lesseps à se rendre en Angleterre pour aplanir les difficultés.

Peu de jours après, M. de Lesseps était à Londres; il y trouvait un accueil cordial dans le commerce, mais le ministère et les lords avaient pris une attitude hostile. Palmerston, avec le ton tranchant qui lui était familier, fit valoir les difficultés techniques de l'entreprise. Il parla longuement des vents du désert et des sables voyageurs, de l'impossibilité d'établir un port sur la plage ouverte de Peluse et un chenal solide à travers le lac Mensaleh ; il objecta l'inondation probable de la Basse-Égypte ; il insista particulièrement sur l'obstacle des moussons et l'innavigabilité de la mer Rouge ; en un mot, il évoqua tous les fantômes qu'avaient accrédités les préjugés du temps et qui disparurent à la clarté des faits (1).

M. de Lesseps se contenta de répondre que toutes

---

(1) A toutes les époques, les privilégiés de ce monde n'ont pas manqué de raisons pour maintenir leurs avantages. Ainsi, dans la question retournée, quand le Portugal cherchait un passage à travers l'Océan pour aller aux Indes, les Vénitiens, qui monopolisaient le commerce des caravanes, inventaient toutes sortes de fables pour conjurer le péril qui menaçait leurs intérêts. Ils avaient propagé le bruit que les navigateurs, en s'avançant vers le Sud, deviendraient nègres. Les équipages craignaient de s'aventurer dans une expédition qui pouvait avoir pour eux de si déplorables résultats. Vasco de Gama eut beaucoup de peine à vaincre cette croyance populaire. Aux premiers hâles, au moindre coup de soleil, les matelots effrayés voulaient rebrousser chemin ; le vaillant capitaine tint bon, malgré les murmures, et un beau jour le passage fut trouvé. La pointe de l'Afrique avait été doublée, et personne, que nous sachions, n'avait poussé au noir.

En entendant la pairie anglaise se faire l'écho de certain préjugé, M. de Lesseps devait songer à l'histoire du nègre ; il ne pouvait s'empêcher de sourire, et attendait avec confiance l'heure prochaine où il franchirait, lui aussi, son cap des Tempêtes.

ces questions étaient du ressort des ingénieurs, et il en appela à leur autorité, seule compétente.

Une Commission scientifique fut immédiatement réunie; et c'est ici le lieu de constater l'ascendant irrésistible que le nom de M. de Lesseps et la popularité de son œuvre exerçaient partout.

Le croirait-on! à l'appel d'un simple particulier étaient accourus les premiers ingénieurs du monde. L'Autriche fournit M. de Negrelli, l'Italie M. Paleocapa, l'Espagne M. Montésinos, la Hollande M. Conrad, la Prusse M. Lentzé, l'*alter ego* de M. de Humboldt, l'Angleterre MM. Rendel, Mac-Clean, Manby et le capitaine Harris; la France était représentée par M. Lieussou, ingénieur-hydrographe de la marine impériale, M. Renaud, inspecteur-général des Ponts-et-Chaussées, MM. Rigault de Genouilly et Jaurès, deux membres du Conseil de l'amirauté.

Au jour fixé, le cénacle des savants se trouva au complet réuni au troisième étage d'une maison de la rue Richepanse, dans le modeste cabinet de M. de Lesseps. Pas une des célébrités convoquées n'avait manqué au rendez-vous, sans autre mobile que celui de concourir à une grande œuvre.

Arrivés en Égypte, les délégués de la Commission furent reçus par le vice-roi comme des têtes couronnées. Mohamed-Saïd, avec sa générosité habituelle, pourvut à toutes les dépenses d'explorations et d'études.

Comme il était facile de le prévoir, le rapport fut de tout point conforme à l'opinion émise par les premiers explorateurs. Il n'était pas possible d'en avoir une autre, quand on avait étudié la question sur les lieux. Si d'habiles ingénieurs, que nous avons en haute estime, ont formulé un avis contraire, c'est qu'ils avaient jugé par ouï-dire et n'avaient consulté que les livres.

Ici commence l'active propagande faite par M. de Lesseps. Il retourna en Angleterre et retrouva dans les classes commerçantes et lettrées les mêmes sympathies qu'il avait pu constater à son premier voyage. Ces témoignages bienveillants continuèrent à contraster avec les résistances et les hostilités des régions officielles. Les rôles étaient intervertis : cette fois, les hommes d'État voyaient les choses en petit. A Londres, comme partout, du reste, les étudiants des Universités et les dames se montrèrent particulièrement sympathiques pour le projet de M. de

Lesseps. C'était d'un heureux présage, car, ainsi qu'il l'a dit lui-même dans une de ses charmantes conférences : « On est sûr de réussir, quand on a « pour soi la jeunesse et les femmes. »

Pendant que M. de Lesseps obtenait ses succès de meeting, le vieux Palmerston ourdissait dans l'ombre ses trames diplomatiques. Il aiguisait ses armes peu courtoises contre une entreprise à bon droit populaire. Dans son patriotisme étroit, le bilieux insulaire oubliait que l'Angleterre, maîtresse des Indes, devait bénéficier, plus qu'aucun autre pays, du raccourci projeté.

Qu'ils furent bien mieux inspirés, ces dignes fils de la Grande-Bretagne qui, rompant avec d'anciens préjugés, dénoncèrent, l'un l'acte de navigation, l'autre la loi de l'échelle mobile, qu'une politique séculaire considérait comme deux arches saintes, et proclamèrent en pleine tribune la liberté des pavillons et celle des céréales !

« Quand on a l'honneur de s'appeler l'Angle-« terre, » disaient sirs Huskisson et Robert Peel à vingt ans de distance, « on n'a aucune concur-« rence à craindre, et l'on ne saurait, sans déroger, « plaider la cause du monopole, de quelque prétexte « qu'on le colore. »

Voilà de nobles exemples que lord Palmerston devait imiter ; la prospérité de son pays n'y eût rien perdu et sa propre gloire y eût beaucoup gagné.

Les lettres remarquables que M. de Lesseps écrivit à Richard Cobden et au vicomte de Stratford de Redcliffe, et qui restent acquises à l'histoire, prouvent qu'il ne négligea rien pour dissiper les craintes et ramener les dissidences, mais sa voix généreuse trouva peu d'écho. L'ami de la paix, l'apôtre du libre échange fut lui-même sourd aux bonnes raisons qui étaient invoquées. Lord Palmerston avait transmis le mot d'ordre, et son entourage obéissait. Le percement de l'Isthme était une conception française, voilà son premier tort ; il en avait un second, celui de rendre accessibles, aux caboteurs, des régions lointaines qui leur étaient interdites. Le raccourci de Suez tend, pour ainsi dire, à démocratiser la navigation hauturière, et portait ainsi ombrage aux grands seigneurs de l'Océan. Les avantages humanitaires qui se rattachent à cette œuvre de civilisation ne rachetaient pas, aux yeux de l'Angleterre, ces deux taches originelles ; mais on est bien fort quand on a une idée juste pour levier, l'intérêt du monde pour point d'appui, et l'enfant de la France, avec de pareils auxiliaires, devait inévitablement réussir. Il est allé droit son chemin et, grâce à cette marche ferme, l'Isthme est aujourd'hui percé et les flottes passent.

Ces actes d'hostilité et ces manœuvres, loin de décourager M. de Lesseps, ne faisaient que renforcer sa confiance et ses convictions. Rien ne prouve plus, disait-il, la possibilité du canal déclaré impraticable que la guerre acharnée qu'on lui fait. On ne dirige pas, en effet, une artillerie aussi formidable contre une place qui doit tomber d'elle-même. Soyez-en sûrs, ajoutait-il, si lord Palmerston et ses acolytes croyaient à la réalité des obstacles qu'ils dénoncent, loin de déclamer sans cesse et de s'agiter comme ils le font, ils se croiseraient les bras et attendraient en silence le dénoûment fatal.

Pendant que le rapport de la Commission scientifique faisait son chemin dans les esprits, M. de Lesseps reprenait la route de l'Égypte. Il trouva Mohamed-Saïd souffrant et presque découragé. L'opposition anglaise, qui paralysait le bon vouloir du Sultan, l'affectait sérieusement. Il craignait d'engager une partie où il jouait sa couronne. Pour se soustraire à ces préoccupations qui le tourmen-

taient, le vice-roi partit pour la Haute-Égypte,
en compagnie de M. de Lesseps. Ils atteignirent le
Sennaar et le fleuve Blanc, et, franchissant la dernière
cataracte, remontèrent jusqu'à Kartoun (Trompe
d'Éléphant). Il s'arrêtèrent quelques jours à Berber,
la capitale de l'ancien royaume de Méroé, qui a été
le berceau, dit-on, de la civilisation égyptienne, et
dont la fameuse Thèbes aux cent portes n'était
qu'une colonie.

Nous regrettons de ne pouvoir donner les détails
de ce voyage intéressant, où Mohamed-Saïd trouva
l'occasion d'exercer à chaque pas ses sentiments généreux. Témoin des ruines que ses prédécesseurs avaient
laissé faire, il s'apitoya sur le sort des populations
de la Nubie, foulées aux pieds des pachas et écrasées
d'impôts. Il sévit contre les abus de pouvoir, fit
rendre gorge aux spoliateurs et brisa les chaînes des
esclaves. Il s'occupa sérieusement des moyens de
cicatriser les plaies et de sécher les larmes. Mohamed-
Saïd écrivit sous la dictée de son cœur des ordon-
nances qui sont un modèle de sagesse, de droiture
et d'humanité, et auxquelles sa mort si regrettable
empêcha de mettre la dernière main.

M. Ferdinand de Lesseps fit dans le voisinage

de Kartoun une curieuse rencontre qu'il nous paraît intéressant de rapporter ici.

Devant la porte d'un gourbi, à l'ombre d'un palmier, un vieillard à longue barbe blanche faisait faire l'exercice à un négrillon qui tenait un bâton en guise de fusil, — Portez arme! présentez arme! arme bras! etc, — Commandement à la française.

Cet instructeur presque centenaire, que la mort avait oublié, datait de la campagne d'Égypte. C'était un ancien enfant de troupe; attaché au service des dromadaires et fait prisonnier à la bataille des Pyramides, il avait été conduit de caravane en caravane jusqu'au centre de la Nubie. Depuis plus de soixante ans, il n'avait pas vu un seul Européen. Il était né à Toulon, avait désappris complètement sa langue maternelle et ne conservait du français que les mots consacrés au commandement militaire.

« — Le sultan de France vit-il encore? » demanda-t-il en arabe. — « Oui, » répondit M. de Lesseps, « les hommes comme lui ne meurent pas. »

Le vétéran sourit mélancoliquement. Il murmura le nom de *Buonaparde* et donna une poignée de main à M. de Lesseps, qui lui remit en échange un paquet de tabac.

Ce spécimen d'une armée dont il restait peu de
survivants avait sa place marquée à l'Hôtel des
Invalides. M. de Lesseps proposa au vieillard de le
rapatrier; mais ce dernier, regardant avec une expression de tendresse paternelle l'enfant dont il se faisait
l'instructeur, répondit par un signe négatif; il leva
les yeux au ciel en marmotant des mots inintelli-
gibles, alluma sa pipe et tout fut dit.

L'auteur des *Natchez*, en pleine forêt américaine,
fit une rencontre non moins inattendue. Dans un
wigwan, il entendit un violon qui jouait l'air de *Ma-
delon Friquet*. Au milieu d'un groupe d'Iroquois qui
gambadaient comme des possédés, un petit vieillard
poudré et frisé à l'oiseau royal, habit vert-pomme et
veste de droguet, enseignait le cotillon et le menuet
à messieurs les sauvages et à mesdames les sauva-
gesses. C'était un émigré français qui, préférant
avec raison les Peaux-Rouges d'Amérique aux Sans-
Culottes de Paris, s'était établi dans les forêts de la
Delawarre et donnait pour vivre des leçons de danse,
que ses élèves lui payaient en peaux de castor et en
jambons d'ours.

On ne peut faire un pas dans l'univers sans rencontrer quelque débris de nos guerres ou de nos
révolutions.

Reprenons le fil de notre histoire.

Mohamed-Saïd et sa suite revinrent par le grand désert de Bayonda. Ils côtoyèrent la rive gauche du haut Nil jusqu'à la deuxième cataracte et firent 350 lieues à dos de chameau et de dromadaire.

A son retour en Égypte, M. de Lesseps apprit le bon effet qu'avait produit le rapport de la Commission scientifique ; il fut convenu qu'il irait encore affronter les meetings anglais.

Après la remise du rapport, le vice-roi crut devoir, le 5 janvier 1856, octroyer une nouvelle concession confirmative de celle de 1854. Le premier rescrit avait besoin d'être complété. Les charges et les avantages de l'entreprise furent détaillés dans ce second acte, qui fit loi ; il posait en principe : la neutralité du Canal maritime, la cession gratuite des terrains incultes qui seraient mis en valeur par le canal d'eau douce, et l'obligation par la Compagnie d'employer pour l'exécution des travaux les quatre cinquièmes au moins d'ouvriers indigènes. Ce dernier point avait été exigé par l'Angleterre qui, atteinte de gallophobie, avait voulu ainsi empêcher l'envahissement de l'Isthme par des soldats déguisés en terrassiers. A l'en croire, l'entreprise de Suez masquait un projet de colonisation française, et M. de Lesseps n'était qu'un prête-nom que notre pays empruntait pour conquérir l'Égypte.

Le mémoire favorable des ingénieurs et l'acte solennel de Mohamed-Saïd donnaient au projet une grande autorité. Ils inspiraient de la confiance au monde entier ; mais, plus le sentiment public s'accentuait, plus lord Palmerston redoublait d'animosité ; il s'emporta jusqu'à l'injure, et ses violences de tribune soulevèrent l'indignation générale.

M. de Lesseps retourna en Angleterre pour rectifier l'opinion, que certaine presse s'efforçait d'égarer. Chargé de cartes, de plans et de prospectus, il parcourut les Trois-Royaumes-Unis, et tint en quarante-cinq jours vingt-deux meetings.

Mis en présence du promoteur du Canal, le peuple, le vrai peuple, prodiguait ses hourrahs à cet homme qui venait débattre lui-même ses intérêts ; prêtant l'oreille aux récits attachants dont cet aimable causeur a le don, il ne résistait pas à l'accent de vérité qui parlait par sa bouche.

Les Chambres de Commerce de Manchester, de Birmingham, de Hull, de Belfast, de Dublin, d'Édimbourg, de Newcastle, et surtout celle de Liverpool, votèrent des adresses d'adhésion.

Cependant, lord Palmerston ne désarmait point ; il transportait ses batteries à Constantinople, où son adversaire ne tardait pas à se rendre pour les démasquer. Chemin faisant, il recueillait des témoignages de sympathie. Il reçut de véritables ovations en Allemagne, en Italie, en Grèce et en Autriche principalement. A Vienne, l'illustre baron de Bruck, ancien directeur du Lloyd Autrichien, et alors ministre des finances, lui avait fait les honneurs d'une réception princière.

A Constantinople, la franchise de M. de Lesseps déjoua sans peine les intrigues de la diplomatie anglaise, et le Grand-Vizir, qui venait de succéder à Reschid-Pacha, promit de continuer à l'entreprise la protection de son prédécesseur ; seulement, l'acquiescement était tacite. La Porte, tout en reconnaissant l'utilité du projet, n'osait pas se prononcer ouvertement, intimidée par la menace d'un *casus belli*.

Des discussions importantes eurent lieu à la Chambre des Communes, où des voix généreuses se firent entendre. MM. Gladstone, Rœbuck, Milner Gibson et lord John Russel qualifièrent de déloyale la guerre faite à la France dans la personne de

M. de Lesseps, et dénoncèrent ce qu'ils appelaient
pittoresquement *l'hydrophobie de la mer Rouge*. Ces
nobles sentiments trouvaient partout de sympathiques échos (1). Le cabinet Derby, vivement
interpellé, fut obligé de faire amende honorable. Il
déclara qu'il n'avait pas à s'opposer à une entreprise
d'une utilité incontestable.

La cause était gagnée devant la diplomatie, devant
la science et devant l'opinion publique.

C'était le moment de frapper un grand coup.

Encouragé par ces marques presque unanimes
d'intérêt, M. de Lesseps retourna à Constantinople
et signifia au Sultan, par acte écrit, qu'il allait former
une Compagnie financière, afin de pourvoir à l'exécution du Canal.

Toutefois, avant de faire appel aux capitaux, il
visita les principaux États de l'Europe. Il parcourut
successivement la Russie, l'Allemagne, l'Italie,

(1) Le peuple anglais, rendons-lui cette justice, ne partageait
point les maximes machiavéliques de son gouvernement. Il n'a
jamais adopté comme règle de conduite ces paroles prononcées à la
tribune par lord Chattam, ce type de l'aristocratie britannique : « La
raison d'État a des nécessités qui côtoient par moment l'injustice ;
que deviendrait l'Angleterre, si elle était toujours juste avec la
France? »

l'Espagne et la France, où il donna de nombreuses conférences. Partout, l'arrivée du promoteur du Canal des deux mers était saluée de démonstrations enthousiastes. A Odessa, la Chambre de commerce donna le signal des fêtes et des banquets. A Trieste, à Venise et à Gênes, un reflet de la prospérité d'autrefois semblait illuminer l'accueil des populations. A Barcelonne, où vivait encore le souvenir de l'ancien consul, l'enthousiasme éclata dans toute son expansion méridionale : on prodigua, en l'honneur de M. de Lesseps, les bals, les joûtes nautiques, les combats de taureaux et les sérénades.

A Marseille, la réception ne fut pas moins chaleureuse. Le commerce offrit à son hôte illustre un banquet de 400 couverts, dans la salle du Grand-Théâtre, qui fut littéralement trop petite pour contenir l'affluence des convives et des spectateurs. Au dehors, les rues avaient été illuminées sur le passage de M. de Lesseps, qu'une délégation spéciale était allée prendre à son hôtel.

La poésie fut de la fête. On n'a point oublié le dithyrambe de Barthélemy, qui traduisit en rimes sonores le sentiment populaire. Jamais notre

compatriote et ami n'avait fait fumer en l'honneur
d'une gloire contemporaine un encens plus mérité.

Voici quelques passages de cette pièce de circonstance, qu'avait improvisée dans un wagon le poète
marseillais, venu tout exprès de Paris pour s'associer
à la manifestation de sa ville natale.

.   .   .   .

Comme aux jours de Gama, nous subissons encor
La fulgurante mer que barre Adamastor ;
Nous allons affronter les orageuses masses
De ce Cap de l'Espoir, hérissé de menaces ;
Nous passons lentement, par des bords successifs,
Du canal Mozambique à mille autres récifs.
Pourquoi tous les dangers, pourquoi l'inquiétude
De ces côtes d'Afrique, où la mer est si rude ?
Ne peut-on arriver par un plus bref chemin ?
Ne peut-on, fallût-il un travail surhumain,
Aux marins que les flots roulent de cîme en cîme,
Que consume l'ennui, que le scorbut décime,
Faire un trajet moins long, un cours moins hasardeux ?
On le peut, dit Lesseps : Coupons l'Égypte en deux.
Grandiose projet, qu'à bon droit on renomme,
Pour te réaliser, il fallait plus qu'un homme.
Avant d'ouvrir le sol au flot large et vermeil,
Que de jours agités ! que de nuits sans sommeil !
Que de plans ! de travaux ! de longues ambassades !

Jamais Pierre l'Ermite, au siècle des Croisades,
Alors qu'au grand sépulcre il cherchait des soutiens,
Alors qu'il harcelait tous les princes chrétiens,
Ne sentit dans son cœur sa foi plus haletante ;
Jamais ce fier Gênois, dont l'énergique attente
Vingt ans offrit un monde à l'aumône des cours,
Ne montra, pour gagner leur avare concours,
Un zèle plus ardent, une vigueur plus ferme.
Nul n'a su le pouvoir qu'une pensée enferme
Plus que l'homme venu parmi nous aujourd'hui,
Et contraint d'écouter ce que je dis de lui.
Qu'il a passé de fois, ce hardi philanthrope,
Et d'Europe en Asie et d'Asie en Europe,
Secouant son flambeau qui pénètre en tous lieux,
Qui réchauffe les cœurs et dessille les yeux,
Déliant sous ses doigts, sans un jour d'inertie,
Tous les nœuds gordiens de la diplomatie ;
Déroulant ses calculs, ses chiffres palpitants
Devant des archiducs, des lords ou des sultans ;
Tantôt sur un navire et tantôt sur la terre,
En wagon, à cheval, ou sur un dromadaire ;
Bravant la faim, la soif dans des sables sans puits,
Les torrides soleils et la glace des nuits ;
Traversant l'infini des mers vertes et bleues,
Il a fait en quatre ans quarante mille lieues !

. . . . Pour montrer à ce grand visiteur
Que Marseille l'honore et marche à sa hauteur,

Dans un toast solennel entrechoquons nos verres,
Nous lui rendrons un jour des honneurs plus sévères,
Des honneurs mérités, tels qu'un peuple les rend
A celui qui le fait plus prospère et plus grand.
Oh ! si vous permettiez à la voix du poète
Accouru de Paris pour cette belle fête,
Si vous lui permettiez d'indiquer un tribut
Pour celui qui nous lance à cet insigne but,
Je vous dirais : Chez nous, préparons un hommage
Qui soit comme un reflet de notre propre image !
Qu'un vaisseau marseillais soit d'avance construit,
Et quand viendra le jour que le monde poursuit,
Le jour où tombera la séculaire écluse
Qui sépare deux mers de Suez à Peluse,
Quand le vieux Gibraltar, qui s'ouvre à l'occident,
Du côté du soleil trouvera son pendant,
Il faut que ce vaisseau, pour consacrer cette heure,
Soit lancé sur les mers que sa poulaine effleure,
Avec ses mâts ornés d'olives et de ceps,
Et notre croix d'azur, et le nom de Lesseps.
Qu'il entre le premier dans la route inconnue,
Et que l'ardente Égypte acclame sa venue
En faisant retentir mille fois le canon
Jusqu'au désert, où dort la tête de Memnon.

Tous ces témoignages d'intérêt allaient se tra-
duire par des actes plus significatifs.

Pensant que l'heure de battre monnaie était

venue, M. de Lesseps songea tout d'abord à s'adresser aux banquiers. Le premier nom qui se présenta à son esprit fut celui de M. de Rotschild, patron des grandes entreprises. Il alla frapper à la porte ou pour mieux dire à la caisse de ce roi de la finance. Il lui fallait un capital de deux cents millions.

Le riche enfant d'Israël prodigua les compliments, une monnaie qui ne coûte guère. Il promit son patronage moyennant la commission d'usage, cinq pour cent, une bagatelle de dix millions.

MM. Péreire et Mirès vendaient leur protectorat un peu moins cher ; mais, malgré leur rabais, M. de Lesseps trouva que c'était encore payer un peu trop une hospitalité de bureau. Il fit une location beaucoup plus économique. Il s'installa, au prix de 1,200 francs, dans un modeste local, place Vendôme, et là, avec quelques expéditionnaires, sans autre recommandation que sa bonne renommée, il fit appel aux actionnaires.

La souscription, ouverte en novembre 1858, réussit au-delà de toute espérance ; en quelques jours, elle fut entièrement couverte. Depuis la banque de Law et les affluences de la rue Quincampoix, on n'avait vu un pareil flot de souscripteurs.

Tout ce qui travaille, tout ce qui épargne, tout ce
qui possède, s'empressa de porter son obole à la
nouvelle entreprise qui ne compta pas moins de vingt-
cinq mille souscripteurs : c'était le suffrage universel
appliqué au crédit. On trouvait la représentation
de la France entière, dè la base au sommet. Les
apports étrangers ne fournirent qu'un appoint insi-
gnifiant. L'Angleterre était représentée par zéro.

Après cette souscription populaire, M. de Lesseps
put dire : « J'ai réalisé un capital démocratique, j'ai
une armée d'amis. » C'est ce que lord Palmerson
traduisait dédaigneusement par cette phrase : « L'entreprise du Canal de Suez n'est qu'une association
de petites gens. » L'illustre whig oubliait que, dans
le siècle où nous vivons, l'association des petites gens
est l'avenir des grandes choses. Ce n'est pas un des
moindres mérites de M. de Lesseps de l'avoir compris et pratiqué.

Les banquiers éliminés ne furent pas contents. Il
venait d'être, une fois de plus, démontré que les
affaires recommandables par elles-mêmes peuvent
se passer de leur coûteux intermédiaire. L'intérêt
froissé se vengea. Il n'a rien épargné pour discréditer
une honnête et utile entreprise.

Les princes de la finance ont de nombreux courtisans, M. de Lesseps en fit la triste expérience. Chaque jour, des agioteurs colportaient à la Bourse leurs mensonges. Chaque jour, des folliculaires stipendiés annonçaient de nouveaux sinistres, mais M. de Lesseps n'engageait pas de polémique. Il laissait aux faits le soin de démentir ces bulletins pessimistes. A ceux qui niaient le mouvement, comme le philosophe antique, il répondait en marchant.

Le 7 mars 1859, il présenta au Vice-Roi la Commission administrative chargée de prendre possession officielle du domaine de la Compagnie. A partir de cette époque, il n'était plus le simple mandataire du Pacha, il représentait les intérêts collectifs d'une Société et il s'acquitta de cette nouvelle tâche avec une indépendance qui lui fait honneur. Il devint le défenseur de ses actionnaires, même contre l'administration égyptienne dont il était l'obligé. Le devoir avant tout, telle est la devise de M. de Lesseps.

L'Angleterre poussait la mauvaise humeur à un point incroyable.

Les populations avoisinant le désert furent agitées par des émissaires provocateurs sur le passage de la Commission.

Au moment de se mettre en marche, on ne trouvait pas les montures nécessaires au personnel de la caravane ; les demandes et les promesses ne rencontraient que des prétextes d'excuses ou des refus. Il fallut mettre à la raison les chameliers récalcitrants, et les actes d'énergie ne firent pas défaut.

Dans les environs de l'Ouady (1), M. de Lesseps apprend que plusieurs de ses ouvriers viennent d'être arrêtés par une bande de batchi-bozous soudoyés et qu'ils ont été conduits comme malfaiteurs à un village voisin. Il ne perd pas la tête ; d'un bond il s'élance sur un dromadaire et court à franc étrier vers le lieu indiqué. Il saisit par la barbe le policier qui avait présidé à la capture et l'obligea à capituler. Ce cavas-chef portait un arsenal à sa ceinture ; M. de Lesseps jouait donc sa vie, mais dans cette heure critique, il comprit qu'il devait payer de

---

(1) Domaine de 10,000 hectares, alors exploité par des Anglais. Cette propriété rurale, que la négligence de ses possesseurs avait laissé dépérir, a été vendue à la Compagnie de Suez qui l'a rétrocédée plus tard avec un grand bénéfice. Ces riches terres sont appelées à devenir une base de colonisation le jour où il y aura des bras suffisants pour leur culture. Des populations sont déjà en voie de s'agglomérer autour de ce vaste domaine qui forme une véritable oasis dans le désert.

sa personne sous peine de compromettre son entreprise. Cette audace réussit. Les ouvriers furent
rendus et personne, à partir de ce moment, ne fut
tenté de renouveler de pareilles avanies.

Au retour de sa laborieuse exploration, la Commission administrative fit donner le premier coup de
pioche sur le Lido de Port-Saïd, entre le lac Mensaleh et la Méditerranée (25 avril 1859).

Ce coup de pioche eut un retentissement européen. Il préludait à l'occupation de l'Isthme par
les contingents égyptiens qui, peu de temps après,
venaient planter leurs tentes, sous la conduite des
ingénieurs Larousse et Laroche, et de l'entrepreneur
Hardon, ces organisateurs des chantiers, qui ont été
pour ainsi dire les zouaves du Canal.

Les difficultés que ces travailleurs de la première
heure eurent à vaincre sont inimaginables. Il fallait
aller chercher les vivres et l'eau même à Damiette,
c'est-à-dire à soixante kilomètres de distance, et les
amener par le lac Mensaleh qui, dans les gros
temps, n'est pas toujours navigable.

Le silence de ces effrayantes solitudes qui impres-
sionnent les fellahs et les animaux eux-mêmes, n'est
troublé que par le bruit de la tempête et le cri

des chacals ; il inspire la terreur et porte à la nostalgie.

Autre complication du début. La Porte, sous la pression de l'Angleterre, avait envoyé en Égypte Mouktar-Bey, un de ses agents, pour ordonner la suspension des travaux préparatoires. M. de Lesseps ne tint pas compte des avertissements qu'appuyait une flotte anglaise mouillée dans les eaux d'Alexandrie. Il était résolu à ne céder qu'à la force, en se réservant de protester vis-à-vis de l'Europe et devant l'Empereur des Français, contre les atteintes qui pourraient être portées à son droit. Mouktar-Bey recula. Il est vrai que cette sommation coïncidait avec la paix de Villafranca, apogée de la puissance de Napoléon et porte-respect pour tous les intérêts qui se rattachaient à la France.

Le Pacha d'Égypte était loin de partager ces sentiments hostiles. Il était le premier à en gémir. Pour témoigner de ses sympathies personnelles, il envoyait en France, dans la maison de M. de Lesseps, son fils unique, le prince Toussoum-Pacha, pour y passer ses vacances.

M. de Lesseps ne perdait pas son temps : allant au plus pressé, il fit mettre la main au creusement du canal d'eau douce, sans lequel il n'y avait pas de grand fonctionnement d'ouvriers possible. Comment alimenter, en effet, une armée de travailleurs dans un endroit privé de tout et où les chameaux réunis de l'Égypte et du Soudan n'auraient pu opérer le transport des quantités d'eau nécessaires à l'approvisionnement des chantiers? L'exécution de cette rigole de service a été un acte de sage prévoyance. Le canal d'eau douce n'a pas été seulement l'acheminement indispensable du Canal maritime, il a été encore un grand bienfait pour la contrée que longe son parcours. Il a apporté la végétation et la vie où ne régnaient que la stérilité et la mort. Sur cette terre de Gessen, dont les livres saints vantent la fécondité, l'eau s'était retirée depuis plus de quatre mille ans et les sables avaient tout envahi. Le canal d'eau douce ramènera l'ancienne végétation des temps bibliques. La métamorphose a déjà commencé. Grâce à des arrosages bienfaisants, des oasis se forment partout, et bientôt il ne dépendra plus que du gouvernement égyptien de transformer cette partie du désert arrosable en une riche province.

L'activité que M. de Lesseps dépensait est vraiment extraordinaire. Il a avoué lui-même faire en moyenne dix mille lieues au moins par an, c'est-à-dire plus que le tour du monde. Il était continuellement sur la route du Caire, de Constantinople, de Londres et de Paris, principaux siéges de ses négociations. Il se trouvait partout où sa présence était nécessaire : on eût dit qu'il avait le don d'ubiquité.

Ses démarches portaient leurs fruits. Une consultation d'ingénieurs et de jurisconsultes approuvait la conduite suivie, qu'elle déclarait conforme de tout point aux règles de l'art et du droit. Pendant que le barreau de Paris, par l'organe de ses sommités, reconnaissait que le Pacha d'Égypte n'avait pas excédé ses pouvoirs en concédant le Canal, la Société des Ingénieurs civils de Londres, par son président, M. Hawkshaw, donnait son entière adhésion aux plans adoptés et aux travaux faits, et effaçait ainsi la mauvaise impression qu'avait produite, dans le principe, la critique passionnée de feu Stéphenson.

Ces adhésions encourageaient le Pacha d'Égypte et mettaient un terme à ses tergiversations. Mohamed-Saïd fit alors une tournée dans l'Isthme, que le canal d'eau douce commençait déjà à arroser. Il put voir le seuil d'El-Guisr entamé et le lac Timsah prêt à recevoir les eaux de la Méditerranée. Enchanté de ces travaux, il s'embarque pour la France, qui en avait l'honneur et qui était, après l'Égypte, son pays de prédilection. Son voyage de Toulon à Paris fut une suite d'ovations populaires. Il se rendit ensuite à Londres, où l'accueil fut moins chaleureux ; mais les doutes qu'il y entendit exprimer n'ébranlèrent pas sa foi. A son retour, l'Égypte eut le malheur de le perdre, en janvier 1863. Ainsi s'éteignait, presque à son aurore, un règne bienfaisant qui promettait d'heureux jours.

Ismaïl-Pacha, hâtons-nous de l'ajouter, fit revivre le prince regretté, dont il continua les bonnes dispositions.

Peu de temps après, le Sultan vint rendre visite à son puissant vassal, qu'il élevait au rang de khédive. Il constatait, sinon par ses yeux, du moins sur le rapport de témoins oculaires, la marche progressive des travaux. Sir Henri Bulwer, après une tournée dans l'Isthme, était lui-même obligé de rendre justice à M. de Lesseps et à son œuvre.

L'Angleterre avait évidemment perdu beaucoup de terrain. Elle essaya de prendre le monde par les sentiments : empruntant le masque de la philanthropie, elle dénonça les corvées comme une barbarie et en demanda l'abolition, après les avoir pratiquées elle-même jusqu'à l'abus sur ses propres chantiers ; elle espérait paralyser ainsi les travaux en leur enlevant des bras exercés et économiques ; mais elle se prit dans ses propres filets et ne fit qu'imprimer un nouvel essor à l'entreprise qu'elle avait l'intention d'entraver.

Sous l'influence de ces revirements, une meilleure impulsion était donnée aux travaux. L'entreprise à la tâche assumée par M. Hardon, qui avait pu rendre de grands services dans les commencements, mais qui était devenue insuffisante, faisait place au système plus large de l'entreprise à forfait.

Le Canal donna lieu à quatre lots. Le premier, concédé aux frères Dussaud, portait sur une fourniture de 250,000 mètres cubes de blocs artificiels pour les jetées de Port-Saïd. Le deuxième, adjugé à M. Aïton, dragueur de la Clyde à Glascow, comprenait l'achèvement des 60 premiers kilomètres du Canal maritime, soit l'enlèvement de 22 millions de mètres cubes de sable ou de vase. M. Couvreux, chargé du troisième lot, devait, sur une longueur de 13 kilomètres, dans la partie culminante de l'Isthme, pourvoir à l'élargissement et à l'approfondissement de la tranchée d'El-Guisr, représentant un déblai de 9 millions de mètres cubes.

Enfin MM. Borel et Lavalley prirent à leur charge la continuation et l'achèvement de toute la partie comprise entre le lac Timsah et la mer Rouge. Ce quatrième lot était le plus considérable, mais son importance s'accrut bien plus encore le jour où M. Aïton, se prévalant du retrait des contingents égyptiens, demanda la résiliation de son marché, car MM. Borel et Lavalley se chargèrent de ce surcroît de travail, et la Compagnie ne perdit certes pas au change. L'entrepreneur anglais, malgré sa grande renommée, était resté au-dessous de sa tâche et était de beaucoup distancé par ces entrepreneurs français hors ligne qui dans les dernières années ont assumé la responsabilité presque entière du Canal. Leur énorme entreprise, représentant une somme de 160 millions, ne pouvait tomber dans de plus habiles mains.

En 1865, les chantiers de Suez étaient en pleine activité. Déjà l'Isthme était éventré de bout à bout. Les frères Dussaud coulaient leurs blocs artificiels et faisaient à vue d'œil avancer les jetées ; M. Couvreux

attaquait vigoureusement les seuils avec ses ingénieux et puissants excavateurs à sec ; MM. Borel
et Lavalley avaient déjà canalisé en partie le lac
Mensaleh, cet ancien vivier des Pharaons ; ils avaient
réalisé d'importants déblais à Ferdane, à Chalouf
et au Sérapéum. La rigole de service, complètement
achevée, apportait le tribut de ses eaux bienfaisantes
au désert qu'elle avait peuplé et fécondé. Le problème pouvait donc être considéré comme à moitié
résolu, et cependant, le croirait-on ! l'œuvre était
plus que jamais niée. S'il fallait ajouter foi à certains
détracteurs, M. de Lesseps prenait les effets du
mirage pour des réalités (1).

Bien aise d'éclairer l'opinion publique que pou-

---

(1) Le sort généralement réservé à ceux qui conçoivent une pensée
hardie, c'est d'être traités de visionnaires.

Ainsi, sans parler des hommes qui ont fait dans le domaine de la
science les grandes découvertes et, pour nous en tenir à un exemple
presque identique à notre sujet, le canal du Languedoc qui devait
opérer la jonction de l'Océan et de la Méditerranée, cette œuvre
si justement admirée par Vauban, ne valut-il pas à son auteur
le reproche de folie. Riquet ne fut-il pas en butte aux mêmes
sarcasmes et aux mêmes tribulations que M. de Lesseps, cet autre
créateur d'un canal des deux mers ? Heureusement, ces pionniers de
l'humanité demeurent inébranlables. Entraînés par un penchant
irrésistible, guidés par une invisible main, eux seuls ont le droit de

vaient ébranler toutes ces insinuations malveillantes, M. de Lesseps crut devoir former une Commission internationale, pour aller sur les lieux et constater l'état des travaux. Il s'adressa à toutes les Chambres de commerce (1865).

L'appel, cette fois encore, fut entendu. On accourut de tous les points d'Europe et même d'Amérique. New-York délégua M. Field, qui a établi le premier câble électrique destiné à rapprocher l'ancien et le nouveau monde. Les Yankees ne manquèrent point ; ils vinrent prendre une leçon pratique qui pouvait leur servir plus tard pour le percement de l'Isthme de Panama.

La Chambre de commerce de Marseille nous fit l'honneur de nous déléguer, M. Jules Roux et moi,

---

franchir les limites où tant d'autres s'arrêtent. Ils s'ouvrent une carrière nouvelle ; ils s'élancent par un mouvement naturel hors du cercle ordinaire, trop étroit pour les contenir. Un instinct sublime leur tient lieu d'expérience ; leurs soupçons sont des certitudes, leurs rêves d'heureuses réalités et le ciel qui les inspire se plaît à préparer par eux les plus féconds résultats.

C'est ainsi que, sans posséder aucun principe de la science, Riquet devint un grand géomètre et qu'avec un seul compas de fer, il osa concevoir et exécuter un plan jugé irréalisable, tout comme M. de Lesseps qui, sans être ingénieur, en remontrait, deux siècles plus tard, aux spécialistes dans les travaux du percement de l'Isthme.

pour la représenter dans cette Commission cosmopolite.

Arrivés sur les lieux, nous pûmes constater *de
visu* la véracité des rapports faits par M. de Lesseps. Nous effectuâmes en barque le trajet presque
entier de l'Isthme, en empruntant tantôt le canal
d'eau douce, tantôt le canal maritime. Sans doute,
les profondeurs étaient loin d'avoir atteint leur
maximum ; il restait encore beaucoup de sable et
de vase à extraire ; mais il n'y avait, dans les lignes
d'eau, presque plus de solution de continuité : par
ce qui avait été accompli, on pouvait facilement
prévoir l'achèvement prochain du canal.

Pendant le cours de notre tournée à travers
l'Isthme, nous pûmes expérimenter les ressources de
tout genre que présente actuellement le désert, grâce
à l'eau et au travail, qui sont les premiers civilisa-
teurs du monde.

Une médaille commémorative, unanimement vo-
tée par la Commission internationale en l'honneur de
M. de Lesseps, a consacré le souvenir de cette intéressante odyssée, qui restera plus profondément
encore gravée dans nos cœurs que sur le bronze.

Témoins oculaires des merveilles déjà réalisées,

nous rendîmes, à notre retour, un compte fidèle de tout ce que nous avions vu, et, bien que notre rapport ne fût que l'expression affaiblie de nos impressions, son contenu contrastait tellement avec les préjugés accrédités, que nous fûmes taxés d'exagération. Nous aussi, disait-on, nous étions des visionnaires.

En Égypte, sur le théâtre de notre mission, nous crûmes devoir réagir contre l'esprit de dénigrement qui s'attachait à M. de Lesseps et à son œuvre. Le 6 avril 1865, dans un banquet donné chez le consul de France à Alexandrie, nous prononçâmes, au nom de la Commission internationale, un toast qui est une pièce presque historique et qu'on nous permettra de reproduire.

Ce toast, le voici :

A Monsieur de Lesseps, notre illustre convive !
Travailleur sans égal, plein de cette foi vive
Qui déplace les mers et transporte les monts,
Il féconde du Nil les généreux limons,
Et va, ressuscitant l'Égypte nourricière,
Changer en grains de blé tous ses grains de poussière.
L'obstacle de Suez s'aplanit sous sa main ;
Au golfe d'Arabie il découpe un chemin,

11

Et marie aujourd'hui, merveilleux hyménée,
A l'Océan Indien la Méditerranée.
A travers les sillons par son génie ouverts,
Il unit pour la paix deux bouts de l'univers
Et devient, en créant cette œuvre sans seconde,
Le collaborateur de Dieu qui fit le monde.
Le burin de l'histoire incrustera son nom
Sur l'éternel granit du Sphinx et de Memnon.

Nous citons cette pièce sans amour-propre d'auteur, uniquement pour rappeler que nous sommes un croyant de la première heure.

Accusé de lyrisme par certains pessimistes et traité de visionnaire par des aveugles, nous éprouvons une satisfaction bien légitime, aujourd'hui que la clarté s'est faite pour tout le monde, de pouvoir dire aux prophètes de malheur : les faits ont démenti votre prose malveillante et justifié nos alexandrins.

Le génie de l'homme aux prises avec les forces de la nature est un spectacle intéressant, et les chantiers de Suez devaient attirer de nombreux visiteurs. Les notoriétés de tout genre ne manquaient pas. Signalons, entre autres : Maximilien d'Autriche, le prince de Galles, l'émir Abd-el-Kader, le général Prim, le commodore Napier, le duc de Modène, le prince Napoléon, le comte de Chambord, etc.

Un fait à constater, c'est qu'aucun de ces personnages si divers ne donna lieu à la moindre avanie. Ainsi, à l'arrivée du duc de Modène, on pouvait craindre que quelques ouvriers, appartenant à la jeune Italie, ne fissent entendre certaines récriminations ; mais l'Isthme était un terrain neutre. Aucun cri, aucune manifestation violente ne vinrent jamais troubler la paix des chantiers : bel exemple de discipline et noble résultat du travail.

Le personnel des employés témoignait lui-même par sa variété de l'esprit large et conciliant qui avait présidé à sa formation. Nous en citerons un exemple frappant : le docteur Aubert-Roche, un des républicains les plus sévèrement condamnés par la Cour des pairs, et le comte Sala, le chevaleresque armateur du *Carlo Alberto*, si gravement compromis dans la romanesque équipée de la duchesse de Berry, devenus tous deux collaborateurs de M. de Lesseps, s'asseyaient chaque jour à la même table et vivaient dans les meilleurs termes. Sur ce terrain hospitalier, toutes les opinions étaient les bienvenues, pourvu qu'elles fussent honorablement représentées. Pourquoi une pareille harmonie ne règne-t-elle point partout ?

Le temps qui s'est écoulé entre l'année de la Commission internationale et celle de l'inauguration du canal, c'est-à-dire l'intervalle qui sépare 1865 de 1870, a été incontestablement l'époque la mieux utilisée et la plus féconde en résultats. L'opposition n'avait, sans doute, pas désarmé entièrement, mais elle était réduite à l'impuissance. Les batteries anglaises avaient ralenti leur feu, l'entreprise n'était plus mise en question, elle suivait son cours régulier et était désormais assurée par les sanctions légales et les actes publics. Quant à l'exécution des travaux, elle était confiée, comme nous l'avons déjà dit, à MM. Borel et Lavalley.

Du moment où le percement de l'Isthme était échu à de pareilles mains, on pouvait le considérer comme un fait presque accompli. Dans une conférence remarquable que M. Borel fit à la salle des Capucines, cet habile ingénieur qui, hélas! est mort la veille de son triomphe, disait en 1868, avec une conviction que sa science bien connue communiquait à toute l'assistance :

« Pour nous, le canal est fini ; à telles enseignes
« qu'ayant à prendre, en vue de son achèvement
« prochain, divers engagements avec la Compagnie
« de l'Isthme de Suez, nous n'avons pas hésité à

« contracter celui d'avoir terminé les travaux et livré
« le canal à la grande navigation le 1er octobre 1869. »

Cet engagement n'était pas une simple parole, il
était corroboré par la stipulation d'une pénalité
grave : une amende de 500 francs par jour de retard.

Nous touchons au couronnement de l'œuvre. Il
nous tarde de rendre compte de cette solennelle inauguration, qui marque une date mémorable, et à
laquelle la France prit une large part. Mais notre
impatience, si légitime qu'elle soit, ne nous permet
pas de passer sous silence certains épisodes qui,
bien qu'étrangers au canal, n'en sont pas moins
intéressants et doivent trouver place dans la vie que
nous écrivons.

CANDIDATURE DE M. DE LESSEPS A LA DÉPUTATION

A haute considération dont jouissait M. de Lesseps avait plus d'une fois suggéré l'idée de le nommer représentant du pays ; mais il avait constamment décliné cet honneur. A chaque proposition qui lui était faite, il répondait : « Tant que mon œuvre n'est pas achevée, je me dois entièrement à elle. » En 1869, cette œuvre touchait à sa fin, le canal de Suez devait être livré à la grande navigation à une époque qui coïncidait presque avec l'ouverture des Chambres, et le commerce de Marseille pensa avec raison que M. de Lesseps n'avait plus les mêmes motifs pour refuser.

Le moment était favorable. M. Berryer venait de mourir et laissait une place vacante. Ce prince de la tribune française s'était éteint la veille de l'invasion étrangère, tout juste pour épargner à son patriotisme le spectacle de nos revers. Marseille devait donc pourvoir au remplacement du député dont elle portait le deuil.

M. de Lesseps était le seul homme qui pût contrebalancer la renommée de l'illustre défunt. Il avait pour lui l'éloquence des faits, qui vaut bien celle des phrases. Sa candidature ne pouvait être que triomphante. Sans aucun doute, les partis allaient, cette fois, voter comme un seul homme en faveur d'un citoyen que recommandaient les titres les plus sérieux, et dont l'esprit libéral avait donné des gages mêmes à l'opinion démocratique. Le suffrage universel allait trouver une belle occasion de s'affirmer.

Quelle illusion! Le gouvernement eût été mal venu à combattre une pareille candidature; il lui prêta son appui. L'opposition, que rien ne peut

désarmer en France, vit dans cet acquiescement
un crime irrémissible. Elle protesta contre les titres
de M. de Lesseps ; elle alla jusqu'à nier les bienfaits
de son œuvre. Elle prodigua la calomnie ; elle ameuta
les passions autour d'un nom qui devait commander
le respect et planer au-dessus de tous les orages, et
cette candidature, d'un caractère essentiellement
pacificateur, devint une arène des plus ardentes et
un vrai champ de bataille.

On connaît le résultat de cette lutte électorale, où
tous les calculs de probabilités furent si étrangement
renversés par la passion qui se substitua au bon sens.

Cet homme, que le monde envie à la France, n'a
pas trouvé à Marseille assez de suffrages pour être
élu représentant du pays.

On raconte qu'au XVe siècle, quelques patri-
ciens de la République de Gênes, bien aises de rendre
hommage à un illustre compatriote, proposèrent de
faire entrer Christophe Colomb au Sénat ; mais les
cabales et les intrigues empêchèrent cet honneur
mérité à tant de titres. A la place du grand homme,
on élut un petit personnage de basoche, dont le
nom obscur n'est pas même parvenu jusqu'à nous.
Son unique titre était d'avoir caressé certain préjugé

populaire, en traitant de visionnaire et de fou le noble citoyen qui devait découvrir un monde.

N'est-ce pas un peu le pendant de ce qui s'est passé sous nos yeux? Marseille, une des principales bénéficiaires du canal, n'a-t-elle pas commis un acte semblable, en évinçant le glorieux promoteur de cette œuvre?

L'élimination de M. de Lesseps était un nouveau chapitre à ajouter à la longue histoire des légèretés françaises et des ingratitudes humaines.

Le vaincu supporta dignement sa défaite. Il l'accepta avec cette grandeur calme qui lui est naturelle. Le lendemain, quand nous allâmes, la rougeur au front et la tristesse au cœur, lui faire notre compliment de condoléance, il ne s'associa point à nos récriminations. Il nous accueillit le sourire aux lèvres, et se contenta de répéter une phrase que Lamartine, une autre victime de l'oubli populaire, avait prononcée dans une circonstance analogue :

« La patrie est comme la Divinité : nous lui devons « tout, elle ne nous doit rien. »

M. de Lesseps a dû se féliciter plus tard de cet échec qui, en l'éloignant de la politique, un théâtre qui n'était pas le sien, l'a laissé tout entier à son œuvre et, pour ainsi dire, à son apostolat.

La France seule eut à regretter ce trait d'ingra-
titude, car il lui valut pour député un bavard de plus,
dont les coups de langue lui ont coûté cher, et dont
elle est loin encore d'avoir soldé toute la note de
frais.

Racontons un épisode moins triste.

Dans un salon parisien qui recevait une société
d'élite, et où M. de Lesseps allait souvent passer ses
soirées, il avait remarqué une jeune personne d'un
physique et d'un esprit séduisants. Mlle Autard de
Bragard, c'est le nom de cette personne, née à Mau-
rice, appartient à une honorable et riche famille de
planteurs, qui est venue chercher à Paris une patrie
qu'elle ne trouvait plus à l'Ile-de-France, devenue
possession anglaise.

Restant sous l'impression douloureuse d'une
longue traversée qui avait coûté la vie à sa mère,
la jeune créole devait apprécier plus que personne les bienfaits d'un canal destiné à abréger la
distance. Enthousiaste de l'œuvre de M. de Lesseps,
par un sentiment de piété filiale, elle suivait avec un
vif intérêt la marche des travaux, et se plaisait à en
apprendre les progrès de la bouche même de celui
qui les exécutait. Elle recherchait sa conversation et

prêtait une oreille attentive à ses récits. Il s'était visiblement établi entre le narrateur et son auditrice une sympathie réciproque. Un soir, l'entretien ayant pris un degré d'intimité de plus, M. de Lesseps dit à la jeune fille, en lui serrant la main : « Que « n'ai-je vingt ans de moins ! »

« — Vos vœux sont exaucés, répondit Mlle Au- « tard, n'êtes-vous pas plus jeune que votre acte de « naissance? L'immortalité, d'ailleurs, n'a pas « d'âge, » ajoutait-elle plus bas, en rougissant.

Il était facile de deviner le dénouement que présageait une pareille réponse. En effet, quelques mois s'étaient à peine écoulés que cette charmante personne devenait comtesse de Lesseps et, par suite, cousine de l'impératrice Eugénie. Le mariage avait lieu immédiatement après l'inauguration du canal de Suez : il était célébré en Égypte, sur le théâtre même où M. de Lesseps venait d'obtenir son triomphe. Cette union fut bénie par un capucin de la Terre Sainte, dans la chapelle d'Ismaïlia. Elle a porté ses fruits : quatre enfants sont déjà nés de ce second mariage. Les bonnes races ne sauraient trop se multiplier.

A la dernière Exposition a figuré le portrait de

la jeune mariée. Par l'effet général qu'a produit cette physionomie intelligente .et expressive, si fidèlement rendue par l'habile pinceau de M. Lagier, on peut facilement comprendre la vive impression que la vue du modèle a dû faire sur le cœur de celui qui a obtenu sa main.

Avant de rendre compte de l'inauguration du canal et d'aborder ce dernier chapitre, qu'on nous permette de consacrer quelques lignes aux hommes qui ont coopéré au percement de l'Isthme et doivent participer à la gloire de M. de Lesseps.

LES COOPÉRATEURS AU PERCEMENT DE L'ISTHME

~~~~~~~~~~

O^N demandait un jour à M. de Lesseps :
« Qui a le plus contribué à la réussite
« de votre entreprise ? — Lord Pal-
« merston, » répondit-il sans hésiter.
Cela avait l'air d'un paradoxe, et c'était
pourtant l'exacte vérité.

D'abord, cette opposition britanni-
que qui s'est accentuée, dès le début, a aiguillonné
notre patriotisme. A force d'entendre répéter au-delà

de la Manche que le canal de Suez était une œuvre exclusivement française, la France a pris l'Angleterre au mot et en a fait une question nationale ; elle n'a pas marchandé son concours pécuniaire, et a fait presque à elle seule les frais de la souscription entière. C'est ainsi que, sans s'en douter, le noble lord a fourni lui-même le balancier avec lequel M. de Lesseps a battu monnaie.

D'autre part, les violences de langage que ce succès financier fit éclater dans la presse et la tribune anglaise valurent, par réaction, au promoteur de cette gigantesque entreprise, les sympathies du monde entier. Elles passionnèrent les esprits et contribuèrent à la popularité de M. de Lesseps.

Poursuivons.

Lord Palmerston, à qui les ouvriers français portaient ombrage, avait fait insérer dans l'acte de concession la clause obligatoire d'employer des travailleurs indigènes. Il fut ainsi le premier instigateur de ces contingents égyptiens qui ont atteint le nombre de quarante mille et qui, dans le principe, ont rendu de précieux services. C'est à leurs bras, en effet, qu'est due en grande partie l'exécution du canal d'eau douce, sans lequel le canal maritime n'était pas possible. Ces ouvriers indigènes, avec un simple appoint européen, ont enlevé plus de 15 millions de mètres cubes de sable (1).

Toutefois, les travaux n'auraient pas eu de fin, si la vapeur ne s'en était mêlée et si les machines n'étaient venues en aide aux bras. L'Angleterre, sans le vouloir encore, facilita cette salutaire introduction. Sous prétexte d'humanité, elle fit rapporter la clause dont elle avait été elle-même la conseillère. Elle poussa à la suppression des contingents, avec l'arrière-pensée de désorganiser les chantiers.

Or, loin d'enrayer les travaux, cette mesure imposée par une philanthropie un peu tardive, ne fit que leur donner un nouvel essor. Elle constituait une aggravation au cahier des charges, qui motiva la résiliation de plusieurs marchés. L'entrepreneur Aïton s'en prévalut pour se retirer ; il faisait place à MM. Borel et Lavalley, qui ont eu la gloire d'achever le Canal. On n'avait certes pas perdu au change.

---

(1) On a calculé qu'en mettant les uns à la suite des autres, tous les paniers dits couffins employés au seul déblaiement du seuil d'El-Guisr, on formerait une ligne de 27,000 lieues.

Ce n'est pas tout : sous prétexte que l'entreprise de M. de Lesseps masquait un projet de colonisation française, l'Angleterre fit enlever au concessionnaire les terrains primitivement concédés. Cette expropriation, combinée avec le préjudice qu'apportait le retrait des contingents, se traduisit par une demande en dédommagement introduite par la Compagnie, et aboutit à la sentence arbitrale de l'Empereur, c'est-à-dire à une indemnité de 84 millions.

Par le fait, les plus mauvaises intentions avaient produit les meilleurs résultats. C'est ainsi que les œuvres providentielles triomphent de tous les obstacles humains.

Plein de foi dans son entreprise, M. de Lesseps puisait une nouvelle énergie dans les embarras qu'on lui créait.

« Nous avons marché résolûment, disait-il, vers
« notre but sans craindre les entraves. Au lieu de
« blâmer les hommes ou les nationalités mal conseil-
« lées qui se sont mis à la traverse, remercions la
« Providence de nous avoir suscité toutes les diffi-
« cultés qui ont mûri notre œuvre, l'ont popularisée
« et nous ont acquis le concours de tous les hommes
« d'intelligence et de cœur. »

Au-dessus de ces services involontaires, qui dispensent de tout remerciement, plaçons ceux qui ont été rendus avec intention, et qui ont des droits réels à la reconnaissance.

Signalons en première ligne Mohamed-Saïd, le parrain de l'œuvre. Il a non-seulement autorisé le percement de l'Isthme et octroyé la concession du canal, mais il a encore payé de sa bourse. Il a généreusement fourni, pendant les cinq premières années d'études, un budget mensuel de 30,000 fr., et a souscrit plus tard 177,642 actions.

Si plus tard l'homme, dans Mohamed-Saïd, put être ébranlé par les intrigues qui s'agitaient autour de lui ; si, montrant un jour les vides de son vêtement que sa corpulence ne remplissait plus, il se laissait aller à dire avec un certain découragement : « Voyez, comme ces Anglais m'ont fait maigrir ! » Si parfois, sous de pénibles impressions, il se plaignait des embarras que lui causait le Canal, le respect de la parole donnée et le sentiment de la justice reprenaient vite le dessus.

L'histoire enregistrera, à l'honneur de ce prince loyal, la décision qu'il prit d'exécuter un contrat dont on lui conseillait la résiliation, mais dont sa conscience lui faisait un devoir qui primait toutes les consultations d'avocat. La totalité de sa souscription fut inscrite sur les registres de la *Dette Égyptienne*, bien que MM. Odilon Barrot, Dufaure et Jules Favre eussent émis l'opinion que le vice-roi pouvait légalement se dégager de cette charge.

Mettons à côté et sur la même ligne Ismaïl-Pacha, qui pouvait se prévaloir, à son tour, de l'avis donné par ces autorités, mais qui plaça, lui aussi, l'honneur au-dessus de l'argent, et comprit ainsi ses véritables intérêts de souverain.

Le khédive régnant, proclamons-le bien haut, a continué les généreuses dispositions de son prédécesseur. Quoiqu'il héritât d'une position obérée, il eut à cœur d'exécuter ponctuellement les obligations primitives, qu'il pouvait pour ainsi dire accepter sous bénéfice d'inventaire. Il n'a pas manqué à une seule échéance. Les assignations sur le Trésor d'Égypte ont été remplies aussi exactement que celles de la Banque de France. Indépendamment de sa large contribution au percement de l'Isthme, le khédive a pris à sa charge la partie du canal d'eau douce, depuis le Caire jusqu'au domaine de l'Ouady, y compris la prise d'eau du Nil. Ce canal, de 30 mè-

tres de large, avec une retenue de 11 mètres et des
écluses fonctionnant par les plus bas étiages, est aujourd'hui terminé. Le gouvernement égyptien a
dépensé trente millions au creusement de cette utile
annexe du canal maritime, qui relie le Caire, Ismaïlia
et Suez. Ce cours d'eau, appelé à répandre la
fécondité sur ses rives, fait le plus grand honneur
au prince intelligent qui l'a créé. C'est une voie
fluviale encore plus importante que celle du Mahmoudié (1). Les trente millions dépensés pour le
canal d'eau douce sont de l'argent bien placé ; ils
augmenteront en définitive le bien-être des popu-

---

(1) Avant le canal du Mahmoudié, Alexandrie n'était qu'une lande
de sable où poussaient à peine quelques touffes de tamaris. Les jar-
dins potagers brillaient par leur absence et le moindre brin de salade
était un objet de luxe.

Méhémet-Ali, en faisant creuser à grands frais ce canal irrigateur
et navigable, fut le principal auteur du développement d'une ville
qui, malgré son heureuse position, serait restée stationnaire si,
continuant à manquer d'eau, elle avait été privée de la condition
essentielle des agglomérations humaines.

Eh bien ! le canal d'eau douce, exécuté conjointement par M. de
Lesseps et par le khédive régnant, est appelé à étendre sur toute la
surface de l'Isthme les bienfaits inappréciables dont le Mahmoudié,
cette œuvre de prévoyance, a doté Alexandrie et son voisinage ; il
doit fertiliser et peupler le désert. Le nombre des habitants qui, en
1859, était de 156, s'élève déjà au chiffre de 42,400, dont 22,843

lations, les revenus du Trésor, et vaudront au khédive une belle page dans l'histoire.

Ismaïl-Pacha allie l'intelligence à l'instruction ; il possède la pratique des affaires et l'esprit d'ordre et de suite, qualités assez rares chez un musulman. Il est vrai que ce prince a fait son éducation à Paris. « On m'accuse d'être Anglais, nous disait-il un jour, « quelle calomnie ! L'Égypte est ma mère et la « France ma nourrice ; mon cœur ne peut l'ou- « blier (1). »

Européens et 19,557 indigènes. Le khédive a occupé jusqu'à 80,000 fellhas dans la partie du canal d'eau douce qui lui incombait.

Cet immense chantier fonctionnait sous l'habile direction de M. Sciama-Bey. Cet ingénieur, comme MM. Borel, Pascal et Dussaud, est né à Marseille qui, comme on le voit, a fourni un riche contingent aux chantiers de Suez.

(1) Dans une visite que nous fîmes au pacha d'Égypte, en compagnie de nos chers compatriotes Jules Pastré et Édouard Dervieux, nous pûmes nous convaincre de ses manières affables. La conversation roula principalement sur les travaux de Suez ; elle peut se résumer ainsi : « M. de Lesseps voudrait que l'Égypte appartînt au « canal, et moi je tiens à ce que le canal appartienne à l'Égypte. « Cette divergence a pu jeter accidentellement quelques nuages « entre nous, mais le soleil ne tarde pas à reparaître. Nous sommes, « au fond, les meilleurs amis du monde. » C'était vrai.

Ismaïl-Pacha ne se montra pas seulement spirituel, il fut généreux. Il mit à notre disposition un bateau à vapeur qui le lendemain nous conduisit à Memphis, en nombreuse société. En débarquant,

Ismaïl-Pacha marche avec le siècle. Homme de progrès, il a introduit en Égypte les cultures les plus perfectionnées ; il a réalisé d'importantes améliorations dans les diverses branches du service public. Il a déjà doté son royaume de 1,600 kilomètres de voies ferrées, de 64,000 kilomètres de fils télégraphiques, de phares, de docks, de canaux, d'écoles et de musées. Il a, dit-on, le projet d'établir une ligne continue de chemins de fer, qui irait d'Alexandrie jusqu'à Kartoun.

---

nous trouvâmes une trentaine de montures toutes prêtes, pour transporter la caravane des amis. Le Sérapéum était illuminé et nous pûmes visiter, sans perdre un seul détail, cette nécropole consacrée aux bœufs Apis, et dont la première tombe, la moins ancienne, porte le cartouche de Cambyse.

Nous descendîmes ensuite dans les caveaux funéraires, si curieux, où repose depuis plus de 4,000 ans un général, contemporain de Chéops, et dont les sculptures reproduisant les armes, les instruments aratoires et les engins de pêche du temps, semblent ciselées d'hier, tant elles conservent leur relief.

Ces intéressantes découvertes sont dues au savant Mariette, qui voulut bien être notre compagnon de voyage. Quel cicérone !

Nous admirâmes les pyramides de Sakkara, antérieures à celles de Ghysé ; mais ce qui nous impressionna plus vivement encore, c'est la vue du sycomore, vingt fois séculaire, qui croît non loin de là, sur les bords du Nil, et aux branches duquel, s'il faut en croire la tradition arabe, la vierge Marie aurait suspendu les langes du divin Enfant. C'est à Memphis, en effet, que s'arrêta, dit-on, la Sainte Famille dans sa fuite en Égypte.

Hâtons-nous d'ajouter que le khédive est un des plus riches porte-couronnes du monde. Aucun souverain d'Europe ne possède, à beaucoup près, une liste civile équivalente à sa fortune personnelle. La France, cette grande prêteuse, n'a pas de débiteur plus solide que lui.

La richesse, trop souvent la compagne de la fierté, n'a pas porté la moindre atteinte à la bienveillance et à l'affabilité de ce prince hospitalier, qu'on dirait né sur les bords de la Seine plutôt que sur les rives du Nil.

Immédiatement après le khédive, nommons Napoléon III. L'adversité et la mort, qui engendrent les grandes ingratitudes, ne doivent pas faire oublier les services que feu l'empereur des Français a rendus au canal des deux mers. Son patronage a puissamment contribué au dénouement heureux de cette œuvre laborieuse. On attribue généralement à sa parenté avec l'impératrice Eugénie la protection que M. de Lesseps a trouvée auprès de Napoléon. Elle n'y est peut-être pas étrangère, mais elle n'en est pas la principale cause. Les intérêts français et les vastes horizons qui se rattachent au percement de l'Isthme parlaient suffisamment à l'imagination et au cœur

du César couronné, dont les concessions démocratiques et les illusions militaires ont coûté cher à la
France, mais qui, avant ses fautes, avait rendu des
services que l'avenir impartial ne saurait méconnaître.

Nous ne pouvons passer sous silence M. le baron
de Bruck, premier ministre d'Autriche, qui, dès le
début, a donné des preuves du vif intérêt qu'il
portait à l'entreprise du Canal.

La mort soudaine de ce personnage éminent causa
une stupéfaction bien douloureuse ; M. de Lesseps
perdait en lui un de ses meilleurs protecteurs, et
la France, pour laquelle il avait des sympathies
prononcées, porta son deuil presque autant que
l'Autriche, dont il était, sans contredit, le premier
homme d'État.

Parmi les collaborateurs de M. de Lesseps, nous
comptons :

M. Voisin, ingénieur en chef des Ponts-et-
Chaussées, directeur des travaux du Canal, admi-
nistrateur d'un mérite supérieur, qui a obtenu le
titre de Bey en récompense de ses importants services ;

M. Larousse, ingénieur hydrographe d'une grande
capacité et d'une rare énergie, et M. Laroche,

ingénieur des ponts-et-chaussées, le créateur de Port-Saïd ;

MM. Sciama, Villers, Gioya, chefs division-naires, dont le zèle et le dévouement ne se sont pas un instant ralentis pendant toute la durée des travaux auxquels ils ont pris une part active et intelligente.

Ces polytechniciens ont été les organisateurs des premiers chantiers et, jusqu'à la dernière heure, sont restés constamment à la hauteur de leur tâche.

N'oublions pas M. Pascal, ingénieur en chef des ports de Marseille ; il a été pour le canal de Suez un ingénieur consultant, et a rendu, entre autres services, celui d'assurer la sécurité des embouchures, en indiquant la direction des jetées.

Parmi les entrepreneurs, citons par rang de date :

M. Hardon, qui a présidé avec courage aux débuts si pénibles des travaux, et à qui revient l'honneur, partagé par M. Alfred Feinieux, d'avoir donné le premier coup de pioche ;

Les frères Dussaud, ces fils de leurs œuvres, qui, pour les enrochements de Port-Saïd, ont pleinement justifié la réputation européenne que leur ont faite leurs grands travaux des ports de Marseille, d'Alger et de Strasbourg, et ont jeté à la mer plus de 250,000 mètres cubes de blocs artificiels ;

M. Couvreux, qui, attaquant le relief le plus saillant de l'Isthme, a exécuté sur 13 kilomètres de longueur la tranchée du seuil d'El-Guisr et enlevé 7 millions de mètres cubes de sable à l'aide de ses ingénieux excavateurs à sec ;

Enfin, MM. Borel et Lavalley, auxquels a incombé la tâche principale. Leurs dragues à long couloir ont opéré des prodiges dans le lac Mensaleh et au Sérapéum. Les savants inventeurs de ces appareils ont effectué sans accident le remplissage des Lacs Amers (1,900 millions de mètres cubes d'eau).

On se fait difficilement une idée de l'importance des chantiers installés par ces entrepreneurs hors ligne. Le coût de leur matériel a dépassé 60 millions. Leurs machines consommaient par mois plus de 10,000 tonnes de charbon. Leurs feuilles de paye et de marchandage portaient plus de 22,000 hommes. Ils faisaient une extraction mensuelle de deux millions de mètres cubes de vase ou de sable ; leurs déblais d'un mois, s'ils avaient été versés sur les boulevards de Paris, auraient suffi pour combler jusqu'à la hauteur du faîte des maisons, plus de trois kilomètres, c'est-à-dire depuis la Madeleine jusqu'au Château-d'Eau.

Lors de l'Exposition Universelle, au centre de la civilisation, il a fallu six mois pour déblayer au Trocadéro 400,000 mètres cubes de terre seulement. Quel effort suppose donc une extraction mensuelle de deux millions de mètres cubes en plein désert !

L'argent étant le nerf des travaux publics, comme il l'est de la guerre, nous devons compter au nombre des auxiliaires de l'entreprise, M. Ruyssenaers, consul général des Pays-Bas, en Egypte, qui a apporté son concours financier et son dévouement de chaque jour, et M. Darier de Rouffio, représentant de la Compagnie, à Marseille, qui, non moins dévoué, a largement pourvu au service de la trésorerie. M. de Lesseps a conservé une reconnaissance bien méritée à ces amis de la veille.

Mentionnons les frères Bazin qui, dès le commencement des travaux, ont engagé des fonds considérables, fait un service de battelage et organisé une correspondance accélérée et régulière entre Port-Saïd et Marseille.

Citons enfin les sœurs françaises de charité qui, prodiguant leurs soins aux ouvriers malades, ont été une Providence pour les chantiers. Leur dévouement chrétien a laissé dans l'esprit des indigènes, peu habitués à de pareilles vertus, une impression qui survivra ; il a jeté dans les cœurs des germes appelés à fructifier plus tard.

Nous avons dit ce qui revenait à chacun ; il ne nous reste qu'à faire la part de M. de Lesseps.

Où trouver quelqu'un qui présente un ensemble d'aptitudes, nous dirons presque de prédestinations, pareilles aux siennes ? Tout autre que lui eût été arrêté à la première étape par des obstacles infranchissables.

Il fallait une nature de trempe supérieure, une persévérance à toute épreuve, jointe à une activité sans égale, une volonté et un tempérament de fer, en un mot, il fallait M. de Lesseps.

Supprimez une des nombreuses conditions qu'il réunit, même la plus petite, son talent d'équitation, par exemple, et peut-être rien ne sera fait. Ce

temps de galop que M. de Lesseps exécuta dans
le camp de Marea a contribué plus qu'on ne croit
au succès de l'entreprise. Connaissant son monde,
il exposa l'affaire en quatre mots. Avec des mémoires
plus savants et des plans plus compliqués, Saïd-Pacha
eût bâillé et rien probablement n'eût abouti. Nous
aurions à cette heure force notes diplomatiques et
des monceaux de papier, les pachas auraient fumé
beaucoup de pipes et bu beaucoup de café, mais la
mer Rouge serait encore un cul-de-sac et le cap des
Tempêtes règnerait sans partage.

Dans cette bataille livrée au désert, sous le
drapeau de la France, et gagnée avec des soldats
recrutés partout, ce conducteur d'hommes savait
adresser à chaque travailleur le langage de son pays.
Il parlait arabe aux Arabes, espagnol aux Espagnols,
italien aux Italiens, etc. L'idiome natal va droit au
cœur, et M. de Lesseps, en l'empruntant, releva
bien des défaillances, fit supporter bien des priva-
tions et prévint bien des nostalgies. Personne n'a
possédé à un plus haut degré le courage commu-
nicatif. La bonne humeur qui, chez les âmes viriles,
sait résister à la mauvaise fortune; ne l'abandonna
jamais.

D'ordinaire, les positions éminentes excitent la jalousie et les convoitises des subalternes ; elles sont en butte à une sorte de socialisme. inné, aux traits duquel n'échappe pas même le vrai mérite ; mais M. de Lesseps peut compter parmi les exceptions. Il a su se faire pardonner sa supériorité. Nous constatons ce phénomène dans un vaste atelier qui a occupé un si nombreux personnel de sang mêlé, de tempéraments divers, de nationalités et de religions différentes. Indigènes, étrangers, musulmans, juifs, chrétiens, blancs, nègres, en un mot, tout le monde, rendait justice aux qualités de cet homme vraiment cosmopolite, que chacun affectionnait comme un père.

Nul ne sait mieux manier les hommes en général et les Orientaux en particulier. Nous avons déjà montré combien il connaît l'art d'employer avec eux les arguments décisifs. Mais des actes énergiques, et parfois même des voies de fait (1) qu'il

---

(1) M. Paul Reynier, secrétaire de M. de Lesseps, vit un jour tomber devant sa porte un domestique de la maison qui se tordait dans d'affreuses convulsions. Impassibles comme des fatalistes devant ce douloureux spectacle, les indigènes passaient leur chemin, continuant à fumer leur pipe comme si de rien n'était.

M. Reynier, homme de cœur, s'empressa de prodiguer ses soins

employa *in extremis*, il faut bien se garder de conclure contre l'excellence de son cœur. Dans sa pensée, la santé des travailleurs a toujours tenu la même place que le succès de l'entreprise. Rien n'était épargné pour le bien-être des ouvriers. A ses yeux, le travailleur était quelque chose de plus qu'un bras, une force de chantier, il ne cessait pas d'être un homme. Personne ne montra habituellement plus

---

au malade et parvint, non sans peine, à le remettre sur pied. Il lui céda son lit et veilla sur lui jusqu'à complète guérison.

Le serviteur rétabli, loin d'être reconnaissant, alla jusqu'à enlever le salut à son bienfaiteur. Chaque fois que le secrétaire passait, le felhah détournait la tête avec une affectation marquée.

On cherchait en vain l'explication de ce fait étrange ; mais M. de Lesseps, un fin observateur, la donna : « Vous avez, dit-il à M. Rey-« nier, en prodiguant vos soins, fait acte de servilité. Ce malheureux « vous regarde aujourd'hui du haut de sa grandeur ; il se considère « comme votre supérieur et croit que dorénavant vous lui devez le « salut. Pour être réintégré dans votre ancienne dignité, pour avoir « droit encore à ses respects, il faut lui donner prochainement une « rude leçon. A la première impertinence, appliquez-lui quelques « vigoureux coups de courbache et chacun reprendra sa place. »

Ce conseil fut suivi ; l'Arabe battu alla porter plainte. Il se jeta aux pieds de M. de Lesseps en demandant justice. M. de Lesseps le releva et doubla la dose.

Depuis ce jour, Ismaël était redevenu honnête jusqu'à l'obséquiosité, et chaque fois que ses maîtres passaient, il faisait des salamalecks jusqu'à terre.

Quel trait de mœurs !

d'égards que M. de Lesseps pour ses inférieurs, et notamment pour ces pauvres fellahs, bâtonnés de temps immémorial, qui, depuis la construction des Pyramides jusqu'à nos jours, ont exécuté les plus rudes travaux avec des ognons et des coups pour unique salaire. M. de Lesseps rompit avec ces bar-bares procédés. Il accorda aux ouvriers indigènes d'équitables rémunérations. Il prodigua les magasins économiques, les installations hospitalières ; il établit des ambulances, des hôpitaux, etc., et, par ses bien-faits, obligea les enfants de Mahomet à bénir les institutions de la société chrétienne. Aussi, M. de Lesseps jouit-il en Égypte d'une popularité bien méritée.

Les Anglais sont loin d'avoir laissé une aussi favorable impression. Pendant qu'ils exécutaient leur chemin de fer d'Alexandrie à Suez, plus de mille terrassiers périrent en un seul jour de faim et de soif, faute de cette prévoyance qui n'a jamais fait défaut à la direction des chantiers français.

Obligeant par nature et non par calcul, M. de Lesseps est une de ces organisations rares auxquelles les plus grandes générosités ne semblent rien coûter. Il sait donner avec grâce et rendre légère la reconnaissance qui ne lui manque point. Que de fois il a eu l'occasion de répéter ce mot inouï dans la bouche d'un homme : « Je n'ai jamais fait un ingrat. » Son commandement est si doux qu'il est accepté sans murmure par les subalternes les moins dociles. On lui obéit d'autant plus volontiers qu'il a l'air de ne rien ordonner. C'est de lui qu'on peut dire : « Une « main de fer dans un gantelet de velours. »

Grand seigneur quand il le fallait, il savait être peuple à ses heures. Il aimait à donner l'exemple du travail. Ainsi, nous l'avons vu au lac Mensaleh prêter main forte aux dragueurs, et brouetter le sable au Sérapéum. On ne peut se faire une idée du bon effet que produisait sur les ouvriers cette participation à leurs travaux.

« Courage, mes enfants, répétait-il souvent à ses « collaborateurs grands ou petits, votre labeur est « dur, mais il portera ses fruits. Vous travaillez à « rapprocher les peuples, et chaque coup de pioche « que vous donnez est un service que vous rendez « à l'humanité. Grâce à vous, les navigateurs pour- « ront bientôt éviter un dangereux circuit, et vous « épargnerez bien des larmes et des deuils aux « familles. Qui sait si dans cet Isthme que vous per-

« cez, vous n'ouvrez pas le chemin de votre propre
« fortune! Sur le vaste théâtre qui se prépare, vous
« êtes bien placés pour découvrir . et utiliser les
« nouvelles perspectives. »

Quand le cœur parle, la bouche est éloquente.

M. de Lesseps joint la vigueur physique à l'énergie morale, et réunit ainsi les deux conditions qui
font l'homme complet. Il ne craint ni le froid, ni le
chaud; il est capable de supporter la soif et la faim ;
il travaille sans éprouver la moindre fatigue ; il
dort sur la dure et peut, au besoin, se passer de
sommeil.

« Je puis me flatter, disait-il un jour, d'être doté
« d'une constitution assez robuste pour supporter
« les plus rudes épreuves et de posséder assez de
« résolution pour affronter tout ce que peut oser
« un homme. »

Cette confiance illimitée n'a pas médiocrement
contribué à sa fortune. Ne doutant de rien, il a
réalisé presque l'impossible. La force de volonté et la
persévérance ont plus de chance de conduire à bonne
fin des projets téméraires, que n'en ont la faiblesse
et l'hésitation de faire réussir les plans les mieux
combinés.

M. de Lesseps en est la preuve. Un autre y eût regardé à deux fois avant de se lancer dans une pareille aventure.

« Ce que j'admire dans Christophe Colomb, di-
« sait Turgot, ce n'est pas tant d'avoir découvert
« le nouveau monde que d'être parti pour le cher-
« cher sur la foi d'une idée. »

M. de Lesseps est un homme de cette trempe. Une fois possédé d'une idée, il va de l'avant, coûte que coûte. Comptant sur son étoile, il s'embarque, lui aussi, sans songer aux périls de la traversée, et, surmontant les écueils, il arrive.

Il a le sentiment de sa force sans en avoir la fatuité. Il appartient à l'école de ce grand capitaine qui, rendant compte de ses immortelles campagnes, disait : « Ici, nous avons gagné la bataille ; là, j'ai été « battu. » Il associait ses lieutenants et ses soldats à ses triomphes et assumait toute la responsabilité de ses revers.

Le mot : « Je me suis trompé, » qui sort si rarement d'une bouche humaine, M. de Lesseps n'hésite pas à le prononcer. Il avoue ingénûment les erreurs qu'il peut commettre. Personne n'a dit plus facilement que lui : « J'ai tort. » Mais aussi personne n'a déployé plus d'énergie à soutenir son opinion, quand il croit avoir raison.

La sympathie que cette nature chevaleresque a su inspirer a fait taire même l'intérêt. Ainsi, dans les moments pénibles où l'entreprise faisait des écoles coûteuses et où personne n'était payé pour se montrer indulgent, les actionnaires soupiraient sans doute, mais ne récriminaient point. M. de Lesseps était défendu par sa bonne renommée contre les insinuations perfides. Les spéculateurs à la baisse ont beaucoup crié, mais leurs calomnies ont trouvé peu d'écho ; elles n'ont pas empêché la réalisation des divers emprunts qui se sont faits sous forme d'obligations ou de bons trentenaires, quelle que fût la difficulté des temps dans lesquels ces émissions de papier se produisaient. Le fait est significatif.

Malgré ses soixante ans sonnés, M. de Lesseps n'a rien de sénile. Sa moustache est encore noire, il a de l'émail sous les lèvres, du feu sous la prunelle, du sourire sur toute la physionomie, pas une ride au front et le peu de frimas qu'il porte sur la tête est comme de la neige sur l'Etna.

Bref, c'est un spécimen vivant de la théorie émise par feu M. Flourens, l'*Inventeur des Jeunes Gens sexagénaires.*

Ce cas de juvénilité persistante est d'autant plus curieux à constater qu'il se concilie peu avec les recommandations rigoristes du savant académicien. Cœur impressionnable et tête ardente, M. de Lesseps n'a pas ménagé sa personne ; il a payé un large tribut aux agitations de la vie et aux passions de l'homme.

Tels sont, au physique comme au moral, les traits caractéristiques de cette figure, une des plus sympathiques de l'époque, et l'une des plus dignes, sans contredit, des pinceaux de l'histoire.

INAUGURATION DU CANAL MARITIME.

~~~~~~~~~~~~~~~

VANT d'entrer dans les détails de l'inauguration du Canal de Suez (1), nous croyons devoir, pour l'intelligence de l'itinéraire à suivre, faire pour ainsi dire une photographie de l'Isthme à vol d'oiseau.

Le Canal part de la Méditerranée, d'un point naguère inhabité où s'élève aujourd'hui

---

(1) Les journaux du temps ont rendu compte des fêtes auxquelles a donné lieu l'inauguration du Canal de Suez, mais le récit qui a lé

une ville de dix mille âmes, Port-Saïd. Puis il traverse en ligne droite, du nord au sud, le lac Mensaleh, dans lequel s'épanche le trop plein des eaux du
Nil. Cette lagune, jadis le vivier des rois pasteurs,
est à cette heure un récipient de boue.

Le lac Mensaleh s'étend sur 40 kilomètres de
longueur jusqu'aux environs de Kantara, point où
le Canal traverse l'ancienne route d'Égypte en Syrie
par le désert. C'est là qu'ont passé les patriarches

---

mieux traduit cette intéressante solennité, est celui qu'ont écrit
MM. Jules Roux et de Montricher. L'un est l'aimable et intelligent
collaborateur que nous avait adjoint la Chambre de commerce et
qui, membre de la Commission internationale, avait déjà fait un
voyage en Égypte. L'autre porte un nom bien cher à Marseille, c'est
le fils de l'éminent ingénieur à qui notre ville est redevable de son
Canal. Jeunes amis que j'ai connus l'un et l'autre à leur berceau, et
qui font presque revivre pour moi leurs pères, auxquels j'avais voué
une affection fraternelle.

Leur livre curieux, qu'a illustré le spirituel crayon de MM. Dus-
seigneur, Suchet et Lagier, a été tiré à très peu d'exemplaires et
aura un jour, comme rareté artistique, une certaine valeur. Il a été
principalement destiné aux passagers du *Touareg*, un des plus
coquets navires qui formaient le brillant convoi de Suez. Une société
choisie, une réunion d'intimes s'y étaient embarqués, sous la conduite
de deux de nos plus intelligents et de nos plus sympathiques compatriotes, MM. E. Darier et X. Luce, organisateurs de cette charmante expédition, qui a laissé de profonds souvenirs dans le cœur
des heureux qui en faisaient partie.

Abraham et Jacob, et plus tard la Sainte Famille :
c'est le commencement de la terre biblique de
Gessen.

Le Canal traverse ensuite les lacs Ballah, puis l
hauteur considérable appelée Seuil d'El-Guisr, à
sortir de laquelle il débouche au centre de l'Isthme
dans le lac *Timsah* (des Crocodiles). Ce lac intérieu
est une dépression, anciennement remplie par le
eaux du Nil, qui, desséchée à la suite des temps,
été de nouveau remplie, et cette fois pour toujours
par les apports de la Méditerranée.

Après cette nappe d'eau, surgit le relief du Séra
péum, puis le bassin des lacs Amers (1), qui étaien
autrefois un prolongement de la mer Rouge et où
fut engloutie, dit-on, l'armée de Pharaon. Ces
lacs, que couvrait un lit de sel et que nous avon
traversés à pieds secs, forment, depuis le percemei
de l'Isthme et l'ouverture du Canal, une ra?e d
trente lieues de tour, ayant des eaux profonds dan
lesquelles peuvent évoluer à l'aise les navires du pl

(1) Ancien golfe d'Héropolis, mis à sec par le quatrième succes
seur du calife Omar, qui voulut ainsi punir les habitants de la
Mecque et de Médine de leur révolte en leur coupant les commu
nications avec l'Égypte.

fort tonnage. La quantité d'eau nécessaire pour remplir cet immense bassin n'a pas été moindre de 1 milliard 900 millions de mètres cubes dont la mer Rouge a fait les principaux frais.

On n'a plus, ensuite, qu'à traverser l'imposante tranchée de Chalouf et la plaine sablonneuse de Suez et l'on arrive enfin à la mer Rouge, où aboutit le Canal.

Mais revenons à son point de départ.

Une langue de sable perdue entre le lac Mensaleh et la Méditerranée, une côte sans vestige d'homme et sans une goutte d'eau potable, où le silence du désert n'était troublé que par le bruit de la tempête et le cri des chacals, est devenue, comme par enchantement, une des villes les plus peuplées de l'Égypte, où s'élèvent d'élégantes constructions, des mosquées, des églises, un arsenal, etc., et où coulent, notez ce dernier point, plusieurs fontaines.

C'est là, en face du quai Eugénie, que viennent aborder les nombreux navires qui portent les invités du khédive et parmi lesquels se trouve une flottille de souverains.

Des salves d'artillerie, annonçant l'arrivée de quelque grand personnage, se font entendre à chaque instant ; le canon gronde, mais cette fois du moins la poudre qu'on prodigue ne fait de mal à personne.

L'Empereur d'Autriche oublie Sadowa et donne la main à Frédéric de Prusse qui s'incline, à son tour, devant l'Impératrice des Français. C'est la fête de la paix universelle.

On est venu des quatre points cardinaux. Quel entrain ! quel enthousiasme ! Au milieu de cette mosaïque vivante, de ce pêle-mêle d'hommes et de choses, les regards sont attirés par une barque silencieuse où sont assis une douzaine d'hommes à barbes blanches, coiffés de volumineux turbans : ce sont des adfis ou saints, qui se préparent au voyage de la Mecque et qui, plongés dans une béate somnolence, restent complètement étrangers à tout ce qui s'agite autour d'eux.

Le 16 novembre, l'Impératrice des Français apparaît à bord de l'*Aigle*, comme la reine de la fête. Debout sur la dunette, elle répond par de gracieux saluts aux hourrahs des marins qui garnissent les vergues de tous les navires et l'acclament dans toutes les langues. Vaillante femme qui vient de faire plus de mille lieues pour rendre hommage au

génie de la France et que M. de Lesseps, dans
l'expression de sa reconnaissance, a poétiquement
appelée *Isabelle la Catholique du Canal.*

Un arc de triomphe s'élève au point même où
les souverains ont débarqué. Une large chaussée, le
ong de laquelle sont échelonnées des troupes, livre
assage aux augustes visiteurs et conduit à trois
avillons qui font face à la Méditerranée : celui du
ntre est réservé aux têtes couronnées ; les deux
tres sont occupés, l'un, par les popes grecs, les
ans et les ulémas ; l'autre, par les prêtres catho-
ues qui vont procéder à la bénédiction du Canal.
L'Impératrice des Français, donnant le bras à
mpereur d'Autriche, ouvre la marche : le Khédive
ensuite conduisant la princesse de Hollande et
par les héritiers présomptifs des couronnes de
e et des Pays-Bas. Puis arrivent à la file plu-
s princes russes et allemands et enfin divers
onnages chamarrés de croix et constellés de
ants.

milieu de ce scintillement de costumes, se
he l'austère et énergique figure de l'Émir Abd-
ader, drapé dans un large burnous de laine
che et portant sur la poitrine, pour tout insigne,
cordon de la Légion-d'Honneur.

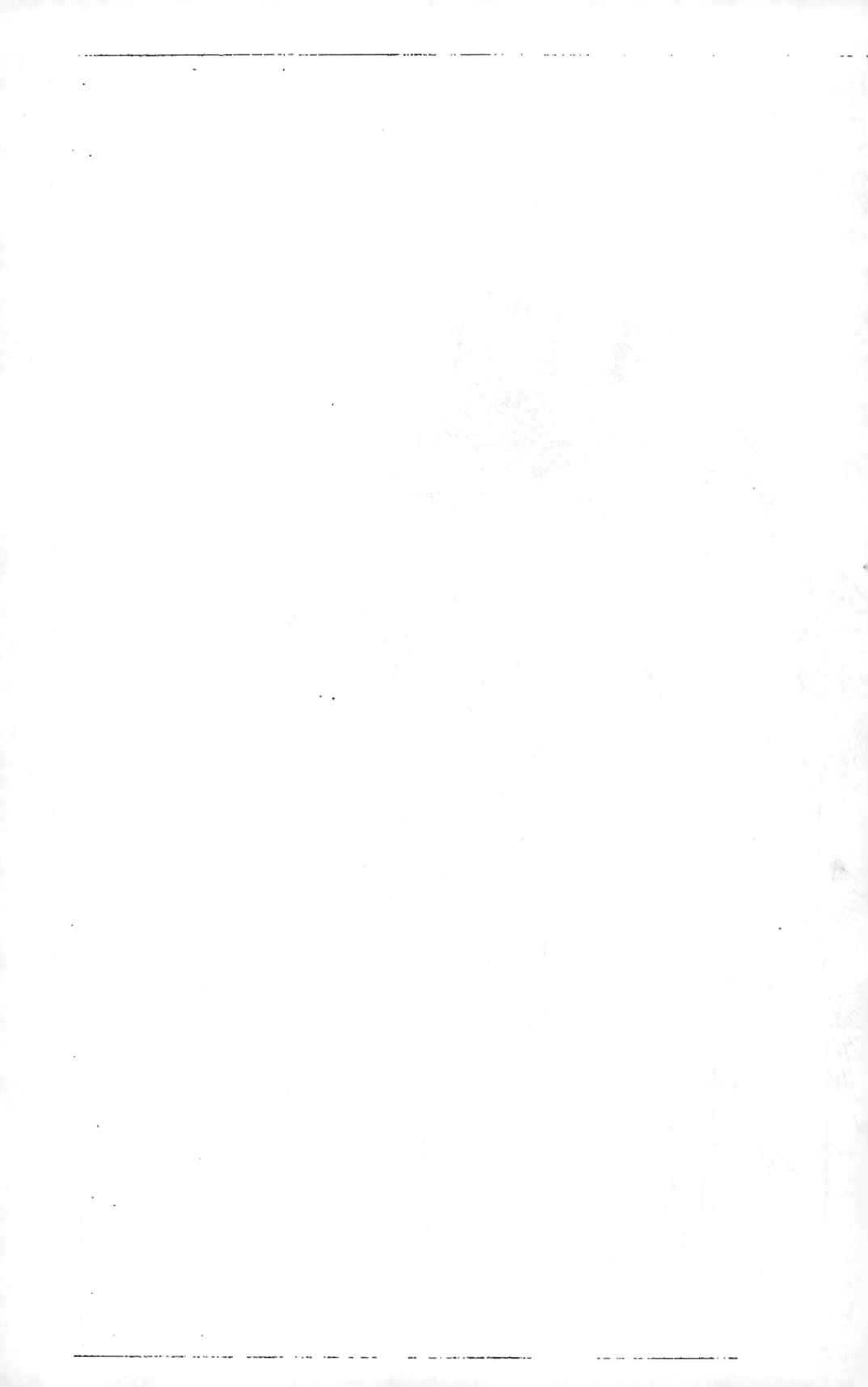

Debout, au centre du pavillon principal, M. de Lesseps recevait l'assistance princière. Un coup de canon se fait entendre et le grand uléma commence la cérémonie religieuse. Il lève les yeux au ciel, prononce deux versets du Coran et tout est dit.

Monseigneur Baüer entonna le *Te Deum* et prit ensuite la parole. Doué d'un organe sonore, l'éloquent aumônier des Tuileries, revêtu de ses habits sacerdotaux, produisit beaucoup d'effet. Au moment solennel où le Pontife, appelant la protection du Très-Haut sur la grande œuvre, a prononcé le nom de M. de Lesseps, une triple salve d'applaudissements, a éclaté sur tous les points et une visible émotion s'est peinte sur tous les visages.

Grande journée, celle où les nationalités avaient déposé leurs hostilités, où les diverses parties du monde fraternisaient au nom de l'humanité, et où l'Évangile et le Coran se confondaient en Dieu!

Le soir, illumination générale, feu d'artifice, bal à bord du *Mansourah*, un palais flottant que le khédive a décoré avec un luxe oriental : tels sont les principaux épisodes de cette première journée.

Le lendemain, 17 novembre, à la pointe du jour, l'*Aigle* quitte Port-Saïd et prend la tête des soixante-

quinze steamers qui composent le convoi et naviguent
à toute vapeur là où naguère ne cheminaient que
des caravanes.

La marche a une allure triomphale. Depuis la
reine de Saba, qui rendit en si grande pompe visite
au roi Salomon, le désert n'avait pas présenté un
spectacle aussi imposant. Le mirage s'unissait à la
réalité pour augmenter encore l'effet de ce cortége.
L'enthousiasme était à son comble.

La flotte passe devant le campement de Kantara
et est saluée par les chaleureuses acclamations des
ouvriers qui stationnent en grand nombre sur la rive.

On aperçoit le bac qui sert au transit syrien, et
l'abreuvoir alimenté par la machine élévatoire
d'Ismaïlia, qui a mis fin aux mortalités causées
autrefois par le manque d'eau.

A partir de Kantara, le canal maritime cesse
d'être rectiligne. La navigation devient plus difficile
et ralentit sa marche. On a le temps d'admirer à
loisir les curiosités du parcours.

Le relief énorme que présente le Seuil d'El-Guisr
donne une idée des prodigieux efforts qu'a dû coûter
l'exécution du Canal. On ne peut se défendre d'un
certain effroi, en traversant ces montagnes de sable

taillées à pic qui profilent leur gigantesque silhouette et se dessinent en noir sous un ciel bleu.

Sur le bord, sont couchés les excavateurs à sec de M. Couvreux et les dragues de MM. Borel et Lavalley, qu'on prendrait pour autant de baleines échouées. Ces puissants engins ont accompli leur tâche et se reposent comme des ouvriers fatigués après une laborieuse journée.

18 *novembre*. — La flotte arrive au lac Timsah (des Crocodiles). Ce lac, — station centrale du Canal, — est une précieuse gare d'évitement. Naguère à sec, c'est aujourd'hui un bassin plein, un véritable port où les navires du plus fort échantillon stationnent dans des eaux profondes.

Salut, Ismaïlia, une ville encore improvisée! Bâtie au cordeau, elle est plus élégante, plus coquette et n'a pas moins d'animation que Port-Saïd. Une avenue macadamisée conduit à la ville ; à droite et à gauche, s'élèvent des milliers de tentes occupées par des Arabes. S. A. le Vice-Roi, un habile metteur en scène, a eu l'idée originale de grouper autour de la ville baptisée de son nom, les spécimens les plus caractéristiques de son royaume. Répondant à son appel, les diverses tribus ont accouru avec leurs

femmes et leurs enfants et présentent l'aspect le
plus pittoresque.

Au milieu de ces tentes, dressées comme aux
temps bibliques, s'en élève une moins primitive,
ornée de draperies à franges d'or et devant laquelle
stationnent deux sentinelles à figure d'ébène. Ne
craignez point d'entrer, qui que vous soyez, vous
serez bien reçu. L'hospitalité arabe s'y exerce à un
suprême degré. Nulle part, on ne voit de plus belles
esclaves, nulle part, on ne prend de plus savoureux
moka, et on ne fume de pipe plus odorante. C'est
la demeure du grand Uléma, un descendant de
Mahomet, devant lequel l'Égypte entière s'incline,
dont le cheval, quand il passe, fait litière humaine
et qui, comme autorité religieuse, n'a au-dessus de
lui que le grand chef de la Mecque, ce pape de
l'Islamisme, à la chasteté près.

La foule se précipite du côté de l'embarcadère
pour voir arriver l'Impératrice et son royal cortége.

Notre souveraine fait son entrée en voiture à côté
de François-Joseph (1). Elle portait un costume

_____

(1) Le noble frère de l'infortuné Maximilien a été l'objet des plus
vives sympathies. Il y a comme un courant magnétique qui porte la
France vers l'Autriche. La grande faute de l'Empire c'est d'avoir

Autophotographie Cayer & Cie

très simple et était coiffée d'un grand chapeau de
paille. Les traits de l'Autrichien se dérobaient sous

---

pratiqué une politique contraire à ce sentiment et d'avoir sacrifié une
alliance naturelle à des espérances chimériques. Solférino a préparé
Sadowa, dont les boulets devaient avoir de si terribles ricochets pour
la France.

L'Angleterre eut un bon mouvement en 1863. Au moment où
l'aigle à deux têtes, s'abattant sur le Danemark, faisait sa proie du
duché de Sleswig, elle avait proposé à la France une action militaire
commune contre la Prusse, qui préludait, par cette petite guerre,
aux grandes luttes de l'avenir, et aiguisait les baïonnettes de ses
soldats sur la pierre des murailles de Düppel. Pourquoi l'Empereur
refusa-t-il cette alliance qui eût tout prévenu et tout sauvé ? Notre
campagne d'Italie a été la source de nos désastres. Le piédestal fait
à Cavour a servi de marchepied à Bismark. A cette heure, il n'est
plus permis de se faire illusion : la Prusse représente la première
puissance militaire de l'Europe, et n'a plus à se mesurer qu'avec la
Russie.

Dans la lutte probable qui tôt ou tard doit s'engager entre le
monde germanique et le monde slave, la France et l'Autriche sont
des proies convoitées par les vautours du Nord ; elles ont un intérêt
commun à combattre ensemble et à se prêter un mutuel appui.

L'Italie elle-même est menacée dans son avenir. Elle apprendra
à ses dépens ce que valent les sourires du chancelier fédéral. Le jour
est plus prochain qu'elle ne croit où, gênant l'ambition du nouvel
empire germanique qui rêve l'abaissement des races méridionales et
aspire au sceptre de l'Adriatique, elle sentira à son tour le poids du
joug prussien.

Une ligue catholique serait la seule planche de salut. Il n'y a pas
d'autre digue à opposer à l'action envahissante du protestantisme
conquérant qui a déjà rompu l'équilibre européen et prépare de
nouveaux ravages.

les ailes d'un gigantesque panama, comme en portent les canotiers d'Asnières. Le soleil africain autorisait cette innocente infraction à l'étiquette. Les peuples se permettent aujourd'hui tant de libertés que les souverains peuvent bien en prendre un peu. La politique était en villégiature.

Les spectacles arabes ne manquaient point. On voyait des jongleurs de poignards, des mangeurs de feu et des charmeurs de serpents. Ici dansaient les almées ; là, tournaient les derviches. Plus loin, c'était une fantasia de cavaliers, une course de dromadaires et d'ânes blancs, au bruit des trompettes et des tamtams ; ailleurs, on entendait un chant ou une simple déclamation rhythmée avec accompagnement de flûte et de tambour de basque. Disons-le à l'honneur d'Ismaïl-Pacha, il n'y avait pas l'ombre d'un cavas, et, malgré la cohue qui régnait partout, la tranquillité ne fut troublée nulle part.

L'Impératrice fut sur pied toute la journée. Dix minutes après son entrée majestueuse, elle avait changé de costume et paraissait en amazone de nankin ; une calèche traînée par huit dromadaires la conduisit au palais du Vice-Roi, devant lequel avait lieu la grande fantasia. Ces myriades de cava-

liers courant à fond de train dans toutes les direc-
tions, puis s'arrêtant soudain, ces coups de fusil
tirés en l'air, ces sabres, ces cimeterres reluisant au
soleil offraient un spectacle féerique et ont laissé
dans l'esprit des spectateurs une impression qu'il est
bien difficile de rendre.

Le soir, on dansait au palais du khédive, au grand
ébahissement des cheiks arabes qui, peu habitués à
ce genre de divertissement, ne s'expliquaient pas les
charmes qu'on peut trouver à une pareille gymnas-
tique.

Heureusement, M. de Lesseps ne figura dans
aucun quadrille : il eût singulièrement compromis
sa gravité et perdu dans l'estime des indigènes.

Au bal succéda un souper dont le menu est
presque légendaire. Depuis le jour, en effet, où
Cléopâtre fit fondre des perles fines dans du vinaigre,
on n'avait pas vu sur cette terre des Ptolémées un
festin aussi coûteux.

La sortie du lac Timsah ne se fit pas sans en-
combre. Cette partie du Canal a besoin d'être améliorée : des bancs de sable presque à fleur d'eau
viennent tout près de la cuvette qui n'a pas plus
d'une vingtaine de mètres de large.

Le 21 novembre, à la pointe du jour, la flotte cosmopolite se remet en marche : elle n'est plus qu'à vingt-cinq kilomètres des lacs Amers et pénètre dans les Seuils de Toussoum et du Sérapéum où l'on a rencontré, quelques jours avant l'ouverture, un banc de roche dure dont la poudre est venue à bout ; vers deux heures, on débouche dans les lacs Amers.

Ceux qui, comme nous, ont vu, il y a quatre ans à peine, ces immenses espaces qui n'ont pas moins de trente lieues de tour, couverts de lagunes et de bancs de sel, et qui les voient aujourd'hui transformés en rade profonde où l'on navigue à toute vitesse, sans aucun danger, ne peuvent se défendre d'un sentiment d'admiration et entonnent un hymne de reconnaissance en l'honneur de celui qui a été le principal agent de ces merveilles.

Déjà à l'horizon, les yeux entrevoyaient la mer Rouge et les cœurs s'épanouissaient à la pensée d'atteindre bientôt le but du voyage, quand tout-à-coup le convoi s'arrêta. Le *Peluse*, un navire des Messageries Impériales, avait touché et formait obstacle. M. de Lesseps pâlit ; mais sa bonne étoile, un moment voilée, ne tarda pas à reprendre son

éclat. Après un court arrêt, le convoi se remit
en marche et arriva sans nouvel accident à Suez.

Un télégramme annonce immédiatement au monde
que l'Isthme a été traversé de bout à bout : le problème dont on avait douté est enfin résolu.

Sur les premiers plans se dessinent les montagnes
roses de l'Attaka et les fontaines de Moïse ; dans le
fond, la péninsule arabique et le mont Sinaï. Sur ce
sommet, au milieu des éclairs, Jéhovah a parlé à
l'homme. Comparativement aux impressions que
fait naître l'aspect de ces lieux, la vue de tout le
reste est peu de chose. Les grandes Pyramides
elles-mêmes sont bien petites.

C'est sur cette mer qu'ont passé les flottes de
Salomon, les trirèmes de Cléopâtre et les dahabies
des kalifes ; c'est sur cette place que, surpris par la
marée montante, Bonaparte faillit périr et ne fut
sauvé que par la rapidité de son cheval. C'est là que
se trouve à cette heure le trait-d'union de l'Orient et
de l'Occident.

Quel spectacle ! quels souvenirs !

Dans cette solennité, désormais historique, la
France a joué le premier rôle. Son Impératrice
revenait heureuse et triomphante, mais les jours de

deuil ne tardaient pas à remplacer les jours de fête. Au moment où la flotte, pavoisée de tous les drapeaux du monde, franchissait le Canal, l'*Aigle* en tête, qui eût dit, hélas! à cette souveraine entourée d'hommages, que, quelques mois après, elle quitterait son palais en fugitive et ne trouverait pour l'accompagner sur le chemin de l'exil que le bras de M. de Lesseps, plus constant que la fortune?

Quel navrant contraste entre les ovations de la veille et les humiliations du lendemain! Quel sujet de tristes réflexions sur le néant des grandeurs humaines!

UN NOUVEAU TRAIT-D'UNION

FERDINAND DE LESSEPS a des droits au repos, mais son activité est infatigable. Le perceur d'isthme convole à de nouveaux travaux, comme à de secondes noces. Après avoir relié les mers, il s'occupe à rapprocher les terres. C'est décidément un trait-d'union vivant. A cette heure, il ne songe à rien moins qu'à ferrer les voies de l'Asie centrale, depuis Orembourg jusqu'à

Peschawur ; en d'autres termes, il aspire à faire disparaître la solution de continuité qui existe encore entre les possessions anglo-indiennes et les territoires russes. Le jour où le réseau projeté sera établi, on pourra aller d'Orembourg à Samarkand en moins de jours qu'il n'en fallait autrefois pour aller d'un bout de la France à l'autre, avec les *diligences* si mal nommées.

Cette entreprise couronnera dignement la carrière de M. de Lesseps. Elle est comme le complément de sa première œuvre et doit dégager bien des inconnues dans des régions mystérieuses.

Indépendamment des sources de richesse qu'elle ouvrira, la réalisation de ce projet doit mettre fin à l'antagonisme des deux grands empires européens-asiatiques, qui menace continuellement la tranquillité et l'équilibre politique du monde. La Russie et l'Angleterre se toucheront pour ainsi dire la main, et n'auront plus d'autre rivalité que celle du progrès et du bien, l'une au Nord, l'autre au Sud de la longue chaîne de l'Hymalaya. Par le fait, M. de Lesseps travaille au rapprochement des races slaves et anglo-saxonnes et doit contribuer ainsi à une œuvre humanitaire.

D'après des relevés officiels, la longueur totale des chemins de fer européens est de 95,888 kilomètres. Sur ce nombre, la Grande-Bretagne figure pour 24,700 kilomètres ; l'Allemagne, pour 17,322 ; la France, pour 16,954, et la Russie, pour 7,674 seulement ; mais cette nation distancée a de grandes lignes en projet : elle se propose de pousser la voie de Moscou jusqu'aux confins de ses conquêtes les plus méridionales. Les pourparlers de M. de Lesseps, pour rattacher ce prolongement de rail-way projeté aux chemins de fer de l'Inde anglaise, rentre dans la pensée moscovite et explique le bon accueil que M. de Lesseps a trouvé auprès du Czar, dans la visite toute récente qu'il lui a faite à Ems.

D'un autre côté, l'Angleterre, intéressée à la réussite d'une entreprise qui doit féconder sa grande possession d'outre-mer, dépose sa vieille politique et témoigne des sympathies à l'auteur du nouveau projet.

Débarrassé, cette fois, des complications diplomatiques, M. de Lesseps ne se trouve plus en présence que de difficultés matérielles. Or, ces obstacles ne sont pas insurmontables avec les ressources illimitées que présente la science moderne.

Le noble enfant de la France, qui vient de mener à bonne fin le percement de l'Isthme de Suez, possède les aptitudes qu'il faut pour la réussite du nouveau projet ; aussi, n'a-t-il pas hésité à s'en charger (1). Toutefois, arrivé à cet âge où l'on doit craindre de ne pouvoir conduire jusqu'au bout une

---

(1) Il est à regretter qu'un pareil homme, dont les minutes sont si précieuses, puisse être distrait de ses importantes études par des tracasseries que lui suscitent d'injustes prétentions, et qui le remettent sur le chemin de Londres et de Constantinople pour défendre des droits encore menacés.

Des trames ourdies à Constantinople par l'ambassade britannique viennent de faire admettre, sans débat contradictoire, une base de tarification onéreuse et véritablement léonine pour les actionnaires du Canal de Suez.

Le premier mouvement de M. de Lesseps, que devait révolter ce déni de justice, a été d'intercepter le Canal. Il aurait trouvé dans son personnel dévoué d'énergiques éléments de résistance; mais la réflexion porte conseil. M. de Lesseps eût fait ainsi beau jeu à ses adversaires, qui comptaient sur un coup de tête pour s'emparer du Canal. Il a donc cédé devant la violence, en se contentant de protester, au nom du droit, contre cet abus de la force.

« On m'a demandé, disait M. de Lesseps dans son pittoresque « langage, la bourse ou la vie. J'ai gardé la vie, avec l'espérance de « reprendre la bourse, le jour prochain où sonnera l'heure de la « justice. »

Ce n'est pas, certes, au lendemain de l'Alma ou d'Inkermann, que l'Angleterre, une ingrate, aurait osé porter une pareille atteinte aux intérêts français; mais, de l'épée autrefois victorieuse, il ne reste plus aujourd'hui qu'un tronçon, hélas! *Væ victis.* On n'a pas vu de

entreprise de longue haleine, M. de Lesseps a eu la prévoyance de passer procuration à un de ses fils, qui s'inspire de sa pensée et dans lequel, un malheur arrivant, il revivrait tout entier.

Ce jeune homme, continuant les traditions d'activité paternelle, s'est déjà mis à l'œuvre. Il est actuellement dans le nord de l'Inde, avec un ingénieur anglais de son âge, M. Struard, enflammé comme lui du feu sacré. Munis des autorisations et des instructions nécessaires, ils examinent ensemble la question sur les lieux. Ils cherchent la partie du territoire la plus favorable pour l'établissement d'un chemin de fer, au double point de vue des travaux et

nos jours une plus brutale application du vieil argument : *quia no-minor leo.*

Le sultan a eu lui-même la main forcée ; il est plus à plaindre qu'à blâmer, comme le khédive, qui a été obligé d'aligner dix mille de ses soldats pour l'exécution d'une mesure qui répugne à ses sentiments et qu'il déplore plus que personne.

Il est douloureux de songer que ce malheureux conflit n'a été soulevé qu'à l'instigation d'une Compagnie française. Le croirait-on ? pour augmenter de quelques francs les revenus de ses actions si productives, la Compagnie subventionnée des Messageries Maritimes, dont le patriotisme est mieux inspiré d'ordinaire, s'est coalisée cette fois avec l'étranger et a prêté la main à la diplomatie anglaise pour souffleter la sentence de nos juges naturels et les droits de nos nationaux.

de l'exploitation. Ils étudient à la fois le terrain et les populations. Ils parcourent les versants de l'Hymalaya et les rives de l'Indus : touchant aux limites des conquêtes d'Alexandre, ils sont en plein royaume de Porus, et ont pu suivre pour ainsi dire pas à pas l'itinéraire parfaitement exact qu'a tracé Quinte Curce de l'expédition légendaire du grand Macédonien. MM. de Lesseps et Struard nous promettent non seulement des rapports topographiques, mais des renseignements historiques du plus haut intérêt.

Pendant que ces hardis pionniers arpentent la partie méridionale et ont établi à Petchawur la base de leurs opérations, M. l'ingénieur Cottard, un troisième collaborateur, parcourt la zone septentrionale, à partir d'Orembourg. C'est à Samarkand, point intermédiaire, que ces infatigables jeunes gens se sont donné rendez-vous. C'est dans cette métropole de l'Asie, ancienne résidence de Tamerlan, qu'ils doivent se rencontrer, après de laborieuses étapes. Puissent-ils n'éprouver aucune entrave dans leur périlleuse exploration !

Cette vaillante jeunesse a des chances pour réussir, car elle est unie à l'expérience ; elle a pour elle le temps, indispensable dans tous les grands travaux, et possède un excellent guide en la personne de M. Ferdinand de Lesseps. Ce dernier a des amitiés puissantes et des moyens d'influence personnelle qui le rendent singulièrement apte à ces vastes entreprises. Il sait où et comment il faut frapper pour que les portes s'ouvrent. Il a des intelligences partout et pénètre dans les plus hautes régions. L'élite de l'Angleterre et de la Russie patronne le nouveau projet de cet homme qui, après des travaux d'Hercule, ne file pas aux pieds d'Omphale, mais conserve sa mâle attitude et s'apprête à de nouveaux exploits.

Au milieu de ces occupations actives, cet esprit laborieux trouve encore le temps de se livrer à des études scientifiques et littéraires. Il écrit l'histoire d'Abyssinie ; il donne des conférences au profit des pauvres ; il fait des lectures à la Société de Géographie, à l'Académie des Sciences. Ainsi, en dernier lieu, frappé des observations de M. Roudaire, capitaine d'état-major, qui a été chargé des opérations géodésiques de la méridienne de Biskra, M. de Lesseps s'est associé à sa pensée. Il vient de communiquer à une section de l'Institut une note fort intéressante sur la possibilité de former une Baltique africaine.

Les géologues, qui remontent plus haut que les temps historiques, prétendent que le centre de l'Afrique était jadis recouvert par les eaux. La mer saharienne aurait eu alors pour limites la chaîne de l'Atlas et le mont Aurès, et aurait fait communiquer l'Océan avec la Méditerranée, à travers le grand désert actuel ; de sorte que le nord de l'Afrique se serait rattaché à l'Espagne, avant la formation du détroit de Gibraltar.

Or, il s'agirait de rétablir, sinon en totalité, du moins en partie, l'état primitif des lieux qu'ont bouleversés les révolutions du globe, et de reconstituer le golfe intérieur qui existait encore au temps d'Hérodote, sous le nom de *Grande Baie de Triton.* Le vaste récipient qu'il y aurait à remplir n'exigerait qu'une canalisation de trois ou quatre lieues, et une dépense de dix millions au plus. C'est peu de chose comparativement à l'œuvre de Suez.

Le remplissage des lacs Amers peut, suivant M. de Lesseps, être une indication utile pour la formation de l'ancienne baie : il y a identité dans la nature et la dépression des terrains.

L'exécution du projet améliorerait sensiblement le climat de ces zones aujourd'hui inhabitables ; elle aurait une grande portée pour le commerce du monde, la civilisation de l'Afrique, et surtout pour la prospérité de l'Algérie.

Peu coûteux et prodigieusement productif, ce travail aurait un immense retentissement dans des régions jusqu'à ce jour impénétrables ; il y porterait à un haut degré l'influence et le prestige de la France, et, facilitant l'accès de nos missionnaires, aiderait à l'évangélisation des races nègres.

Gesta Dei per Francos!

Aujourd'hui que le génie de l'homme ne recule devant aucun obstacle, nous ne désespérons pas de voir le Sahara, océan de sable, se métamorphoser en nappe d'eau, et les navigateurs cingler un jour à pleines voiles ou à toute vapeur vers Tombouctou, devenu port de mer. La réalisation d'un des rêves saint-simoniens !

Notre siècle est appelé à voir l'accomplissement de gigantesques travaux. Celui dont il est question, sur son échelle même réduite, aura encore des résultats qui pourront compter parmi les plus importantes conquêtes que, par son intelligence et son énergie, l'homme aura jamais faites sur la nature.

S'occuper de pareils travaux est le plus noble

emploi qu'on puisse faire du temps, et il semble qu'un tel labeur ne devrait trouver que des applaudissements ; pourtant, il n'en est rien. Tout progrès a ses détracteurs. Ainsi, le premier établissement des chemins de fer fournit matière à la défiance et à la critique. Les pronostics de funeste augure ne manquèrent pas. — La rapidité de la marche ne permettra point de respirer, disait l'un. — La chaudière éclatera, disait l'autre. — Les wagons dérailleront. — On sera suffoqué par la fumée. — Le vent s'engouffrera dans les tunnels et le voyageur sera lancé dans ces sombres corridors comme le pois dans la sarbacane, etc., etc. Les plus grands esprits ne furent pas à l'abri de ces préjugés. M. Thiers lui-même, dont personne ne contestera la haute intelligence, disait encore en 1835 : *Les chemins de fer sont plus ingénieux que pratiques. La mode en passera.*

Quarante ans se sont écoulés depuis ce jugement, et à cette heure les voies ferrées couvrent le monde. Les récriminations des maîtres de poste ne trouvent plus d'écho et il n'y a guère aujourd'hui que les ·voleurs de grand chemin qui, déroutés dans leur industrie, aient motif de se plaindre du nouveau mode de locomotion.

Il suffit de jeter les yeux sur une mappemonde
pour reconnaître les avantages incontestables qui
doivent résulter du percement de l'Isthme de Suez ;
mais, à cette heure même, on trouve encore des
aveugles. On ne touche pas impunément à des plis
qu'ont formés les siècles ; on ne change pas du jour
au lendemain des habitudes enracinées sans froisser
quelques intérêts. Certains charretiers de l'Océan,
propriétaires d'un matériel naval désormais con-
damné à la remise ; certains armateurs de navires
fins voiliers, qui naguère tenaient la corde dans
l'arène maritime, maudissent un progrès qui les
distance. Nous connaissons des navigateurs de long
cours qui se trouvent humiliés d'être transformés
pour ainsi dire en caboteurs. Les uns regrettent les
vents alisés qui caressaient les voiles à partir des
îles Canaries. Quelques fanatiques de la légende
napoléonienne ne pardonnent pas au Canal maritime
de supprimer la station sacrée pour eux de Sainte-
Hélène. Il en est même qui ne se consolent point de
perdre ces scènes carnavalesques du père Tropique,
qui étaient de tradition au passage de la ligne (1).

(1) Notre cité a offert un exemple frappant de ces idolâtries rétros-
pectives. N'entendons-nous pas tous les jours des gens déblatérer

C'est puéril, mais l'esprit humain est ainsi fait : il oublie volontiers les maux auxquels remédient les améliorations réalisées, pour s'appesantir sur quelques inconvénients véniels. Cette tendance est une cause permanente de tiraillements ; tout enfantement est laborieux et, comme disait un homme de sens et d'esprit : « On tue sans cesse les vivants à coup « de morts. »

Heureusement la lumière finit par se faire. Après bien des peines et des traverses, M. de Lesseps commence à recueillir le fruit de ses labeurs. L'Angleterre se fait elle-même son apologiste.

Voici l'extrait d'un article que le journal le *Times* *(quantum mutatus ab illo)* a publié à l'occasion de la lettre que M. de Lesseps a récemment adressée à lord Grandville pour appeler son attention sur l'intérêt capital qu'il y aurait à relier le réseau des

---

sérieusement contre le canal de Marseille, qui apporte l'eau à un territoire autrefois altéré ? Combien récriminent contre cette œuvre bienfaisante, sous prétexte qu'elle a substitué les grenouilles aux cigales, augmenté le nombre des rhumatismes et diminué la saveur des figues ! On va jusqu'à regretter cette époque incroyable où des sentinelles étaient apostées autour des fontaines presque taries, et où une population de 200,000 âmes était réduite à la ration d'eau, comme l'équipage d'un navire en détresse.

chemins de fer russes avec celui des lignes anglo-indiennes :

« M. de Lesseps a accompli une grande œuvre
« par la construction du Canal de Suez. Son pays a
« gagné aussi une grande victoire. Tout Français a
« le droit de triompher de la défaite de lord Pal-
« merston et de la réfutation des ingénieurs anglais.
« Le Canal n'a pas été seulement une des merveilles
« du monde, mais encore un de ses succès. Nous
« écartons la question de la compensation finale des
« actionnaires, mais ce que nous constatons aujour-
« d'hui, c'est que, dans les quatre années écoulées
« depuis son ouverture, le Canal de Suez a révolu-
« tionné le commerce de l'extrême Orient et consi-
« dérablement modifié la construction des navires ;
« un moindre changement dans le cours de la navi-
« gation a suffi pour faire tomber d'anciens États et
« en faire naître de nouveaux. Si les Anglais se sont
« opposés à la construction du Canal maritime, ils
« n'ont pas été assez punis de leur folle opposition.
« Recueillant en grande partie ce que la France a
« semé, ils sont, à cette heure, la nation qui, par
« dessus toutes, est l'obligée de M. de Lesseps. »

Cet aveu, sorti d'une plume non suspecte, est

beaucoup plus éloquent que tout ce que nous pourrions dire. Nous devrions laisser nos lecteurs sous
l'impression de ce *meâ culpâ* britannique ; mais il
ressort de l'article même de ce converti un enseigne-
ment qui va à l'adresse du commerce français et
qui nous fait un devoir d'ajouter quelques mots. Ce
sera notre conclusion.

Oui, il n'est malheureusement que trop vrai,
l'Angleterre, aujourd'hui, est la grande bénéficiaire
du raccourci de Suez; elle représente les cinq sixièmes
du capital naviguant qui traverse l'Isthme, mais il
dépend de nous d'augmenter la part que nous pre-
nons. La France, avec son littoral méditerranéen,
est bien placée pour mettre à profit la nouvelle voie ;
la nature a travaillé pour nous, il s'agit de la seconder. Dans la bataille pacifique qui s'engage, la victoire
s'obtient avec des centimes et des minutes. Réalisons
donc toutes les économies possibles de temps et
d'argent ; corrigeons-nous des turbulences et des
révolutions qui paralysent le mouvement industriel
et détournent les courants commerciaux ; organisons
de puissantes Compagnies ; améliorons le régime de
nos entrepôts ; diminuons le coût de notre main-
d'œuvre et de nos tarifs ; complétons nos installations

économiques ; transformons surtout notre matériel naval. Il importe essentiellement d'approprier les armes à la lutte. Le progrès dans ce monde ne s'obtient pas sans efforts et sans sacrifices ; il implique de laborieuses transitions. Qu'on ne l'oublie point à Marseille, où le commerce a eu le tort de croire qu'il devait à lui seul monopoliser les avantages du Canal, sans rien déranger de ses habitudes. Quelle illusion ! Aujourd'hui que le bandeau est tombé, on passe d'un extrême à l'autre. Après une confiance exagérée, on sacrifie à des peurs imaginaires. On tremble devant le fantôme de Brindisi, comme si une prépondérance consacrée par le temps pouvait être supplantée du jour au lendemain par une ville embryonnaire. Marseille, la reine française de la Méditerranée, gardera son sceptre, n'en doutons point. Elle reste avec ses conquêtes séculaires, ses avantages nationaux, ses installations grandioses. Le Canal de Suez, loin de nous apporter des mécomptes, doit être pour nous une source de prospérités, si nous savons l'exploiter avec intelligence.

Telle est la vérité dégagée des voiles noirs dont quelques pessimistes se plaisent à l'entourer.

Il est des améliorations fécondes qui, tout en

conservant à certaines positions leurs avantages acquis, augmentent la somme du bien général. Le percement de l'Isthme de Suez et le rail-way projeté dans l'Asie centrale appartiennent tous deux à cette nature de travaux. Ils tendent l'un et l'autre à rapprocher pour ainsi dire des antipodes et deviennent des instruments d'échange et de civilisation, sans porter préjudice à personne.

Heureuses les générations qui sont favorisées de ces grandes entreprises d'utilité universelle, qu'elles lèguent à l'admiration et à la reconnaissance des siècles ; mais plus heureux encore les hommes qui ont le génie de les concevoir et la gloire de les exécuter.

Une édilité bien inspirée a voulu transmettre à la postérité les traits du magistrat et de l'ingénieur éminents auxquels Marseille est redevable de son canal : elle a élevé un buste à MM. Consolat et de Montricher, sur le plateau aujourd'hui monumental de Longchamp, à l'endroit même où les eaux de la Durance font leur entrée en quelque sorte triomphale. On ne pouvait choisir un plus beau piédestal. La cité tout entière s'est associée à cet hommage mérité : elle a applaudi de grand cœur à cet acte un

peu tardif de justice. Mais il reste à acquitter une
dette non moins sacrée de reconnaissance. Il faut
que le marbre ou l'airain, confié à un habile artiste,
reproduise l'effigie de cet homme de tête et de cœur
qui, dans l'exécution d'une œuvre presque surhumaine, n'a pas éprouvé un instant de défaillance, et
dont la renommée traversera les siècles.

M. de Lesseps doit tôt ou tard avoir sa statue
dans cette ville, si poétiquement appelée la façade
de la France sur la Méditerranée ; il a sa place marquée sur les rives de cette métropole commerciale
qui regarde l'Orient, et dont la route abréviative de
Suez doit accroître les relations et agrandir les destinées (1).

---

(1) En attendant cet hommage public, un simple particulier,
inspiré par son cœur, a eu l'heureuse pensée de baptiser du nom
de Lesseps une rue qu'il a ouverte dans sa propriété, et appelée à
devenir une artère importante de la cité phocéenne. On ne saurait
trop féliciter cet honorable citoyen (M. Jullien) de cette patriotique
initiative.

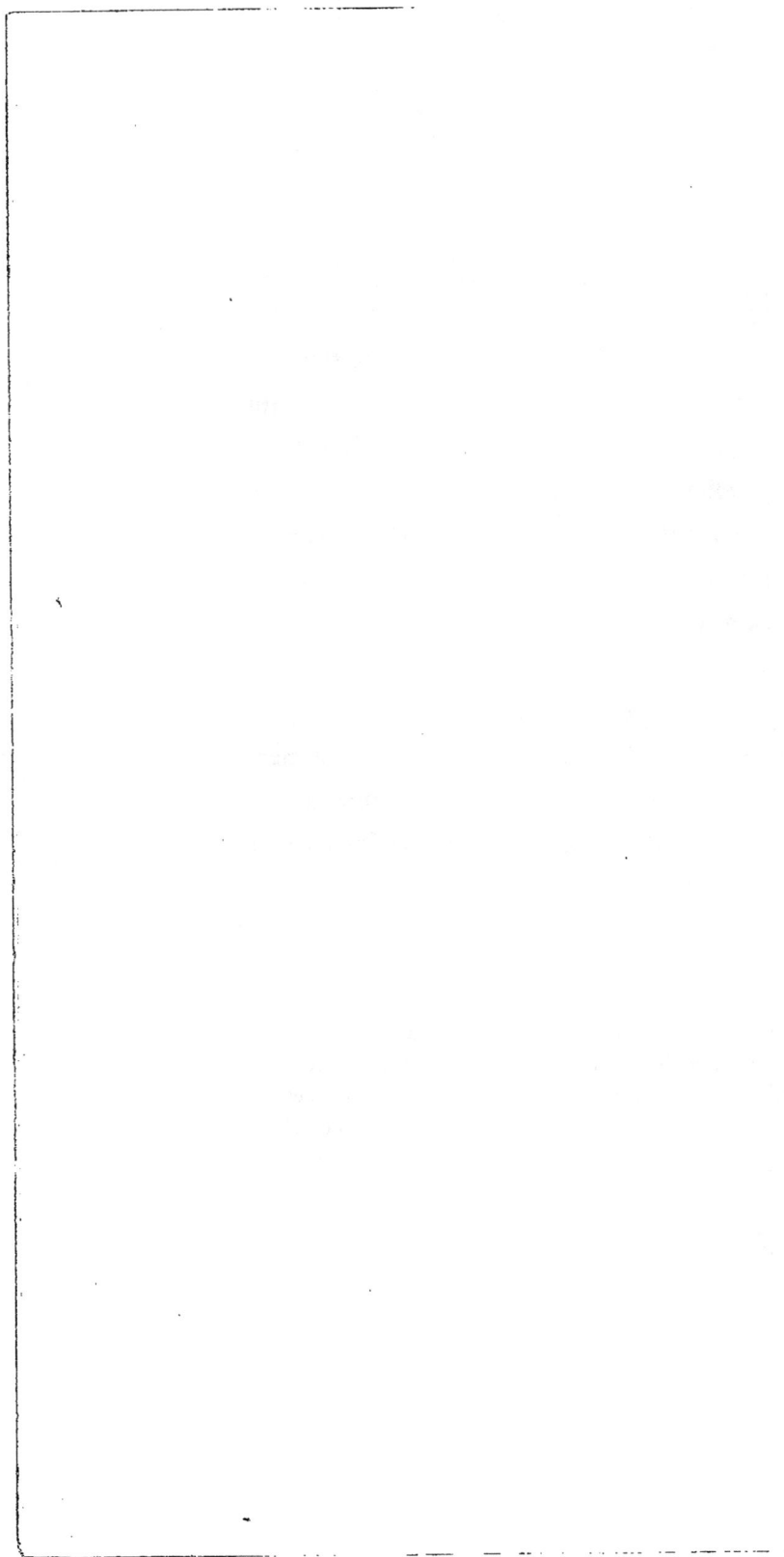

Avant de déposer la plume, nous avons un devoir à remplir : celui d'indiquer les principales sources où nous avons puisé.

Nous citerons, tout d'abord, les papiers de famille que M. de Lesseps a bien voulu nous confier, et les brillantes conférences qu'il a semées de détails intéressants et d'anecdotes inédites.

Nous mentionnerons ensuite les rapports de MM. Borel et Lavalley, qui ont plus particulièrement traité le côté technique et tenu le public au courant de la marche des travaux.

Signalons également le livre, aussi bien écrit que pensé, que notre cher compatriote, M. Silvestre, a publié sur l'Isthme de Suez, une riche mine de renseignements qui nous a mis sous la main les pièces justificatives, les dates et les faits importants.

Ces documents précieux ont aidé nos recherches et facilité notre tâche.

Nous avons à remercier aussi MM. Lagier et

Barry, qui ont enrichi nos pages de leurs habiles crayons, et M. Cayer, qui a apporté à la partie typographique tout le soin et le goût qui distinguent ses impressions.

N'oublions pas, enfin, notre excellent ami Jules Roux, un véritable Mécène, sans lequel notre notice biographique n'eût pas été illustrée et aurait été ainsi privée d'un de ses principaux attraits.

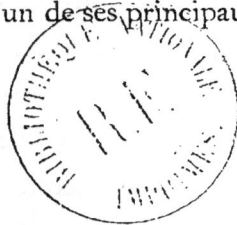

TABLE DES MATIÈRES

www.ingramcontent.com/pod-product-compliance
Lightning Source LLC
Chambersburg PA
CBHW072033080426
42733CB00010B/1874